SAVED BY *Love* AND *Faith*

IDÍLIA RAMOS

BALBOA.PRESS
A DIVISION OF HAY HOUSE

Balboa Press books may be ordered through booksellers or by contacting:

Balboa Press
A Division of Hay House
1663 Liberty Drive
Bloomington, IN 47403
www.balboapress.com
844-682-1282

Print information available on the last page.

ISBN: 979-8-7652-5317-5 (sc)
ISBN: 979-8-7652-5318-2 (e)

Library of Congress Control Number: 2024913482

Balboa Press rev. date: 07/19/2024

About the Author

Idília Ramos was born in Lagos, a small town in the south of Portugal—known for having launched the caravels of the Portuguese discoveries, a country to the west of Europe, where a dictatorship prevailed—into a dysfunctional family, where her mother suffered from psychosis and her father was often absent because of work. From very humble origins, she had to start working at the age of thirteen until she went to Lisbon to study and the following year to Oporto, led by her brother, where she finished her degree in human resources management and workplace psychology in an after-work course, always working during the day, and went on to study for a master's degree in human resources management in the UK.

When she returned to Portugal, she was invited to teach at the university where she had studied. She worked for two large Portuguese companies as a human resources manager and director and was appointed chief human resources officer of one of them at the age of twenty-nine.

At the age of thirty-five, with two children, when her mother died, she decided to return with her family to her homeland and set up a school from scratch for children from four months to ten years old.

Here she managed to put all her passion into creating a team of some thirty-six people who twice nominated her for Best Team Leader in Portugal, winning one of them. At this school she sees around 240 children "born" to become well-balanced young people, with above-average knowledge and, most importantly, very happy, with wings to fly to the next stage.

Passionate about communication and with an insatiable curiosity about all worldly and spiritual topics, sometimes a little obsessive, she managed to have a much-desired son at the age of almost forty-six, conceived naturally.

She loves traveling and getting to know new cultures, is passionate about people and helping others, and is a workaholic in remission to treat her inner child and her defense mechanism of always being busy.

Before her father passed away, she decided to write this book, in which she begins to put her memories into an autobiography, accompanied by visits to temples around the world and the emotions she felt and experienced there, so that she can help and inspire other people to overcome difficulties, traumas, or unpleasant experiences and to be more resilient, in an attempt to lead happier lives, to see the positive in everything that happens to them, to bet on personal development and healing, as well as to make honest choices to make the world a better place, starting with oneself.

She loves dancing, drinking a glass of wine, and having fun with her family and friends. Always with a smile, she is optimistic by nature and ready with a word of hope that the next day will be better than today.

Words of Gratitude

Writing this book has been more rewarding and liberating than I ever imagined.

I'm deeply grateful to all the people who gave me the inspiration and guidance to write my first book, and then in English, especially my father Serafim who set the tone for this work.

I would like to thank Maria Helena Horta who was always there from day one with ideas, exchanges of opinions, suggestions, and proofreading the Portuguese version, as well as the preface.

Special thanks for their friendship, support throughout my life and company on my travels, to my lifelong friends from "Terra Mãe": Cláudia Rodrigues, Isabel Borgas, Maria João Matoso, Marta Correia, Márcia Gomes, Monica Martins, Paula Alexandra Carrelo, Patrícia Novais, Sílvia Borda, and Tânia Dengucho.

I would like to take this opportunity to thank everyone who has passed through my life, from all my aunts, to Angelina's parents and herself, to my cousin Sandra with whom I played all my childhood, to my "almost" brother Álvaro Gomes for all his concern and guidance, to my work colleagues, bosses, friends, family, therapists, clients who gave me a helping hand in my development, to those who challenged me and made me think about why they were in my life, to grow and become a better person.

In this writing process, I must thank my colleague Ana Rita Cintra who took many hours to proofread the English text and collaborate on this book.

As far as the cover of this book is concerned, I must pay tribute to the wonderful Joanne James who created this unique cutout work, reflecting a photograph of my family where there is a lot of love, with a delicacy and care that only she can show.

Thank you to my parents, Serafim Ramos and Carminda Lopes Lourenço, whom I chose and who gave me a life that led to the plot of this autobiography, with everything that was either favorable or disturbing and traumatizing. To my brother Pedro, who has always been there since I was born and has been through a lot that I have and whom I can count on without a doubt. To my grandmothers, who have always given me so much love and affection and who showed me that there was another, more beautiful side to life than the one I was living, one of whom inspired me to be a warrior, very curious, and gave me her name.

Last but not least, to my husband, for always being by my side, for loving and supporting me in all my decisions and adventures with great enthusiasm and confidence, as well as to my children who are the joy of my life and an inspiration to be a reference for them.

Thank you so much to everyone who has read this book, and my hope is that it has helped you at some point in your life or inspired you to do something for someone else or especially for yourself.

This book is dedicated to my parents and my four men:
my husband, Paulo, and my three sons:
Tomás, Vasco, and Salvador

Contents

Foreword

I seem to see Idília Ramos's expression when I told her that I was the course director of the Degree in Early Childhood Education at the University of Algarve! She was speechless … and couldn't hide it!

It was 2009, and I was thirty-three years old. I was in the office hurrying to go to a sailing tour of the Algarve (yes, because at that time I was sailing competitively and participated in several national and international championships), when Idília knocked on the door of my office asking for the course director, and I told her: you are talking to her!

After the initial shock—because, Idília later confessed to me, she was expecting an older lady in a skirt, not a young woman in shorts, polo, sailing shoes, and sunglasses hanging around her neck—she told me that she had gone to find the course director because she liked to receive trainees at the school she was going to open, called Colégio S. Gonçalo.

There was so much empathy between us that I was late for the ride that was going to take me to the regatta. It seemed that we already knew each other from other lives. So much so that, a few days later, she called me to invite me to participate in the laying of the first stone of Colégio S. Gonçalo and, later, in its inauguration.

At the dinner of the inauguration of the school I had a prominent place: in front of the person who gave the motto for the writing of this book that you are reading, Idília's father, Mr. Serafim Ramos, whom I had seen only once, at the cocktail of the laying of the first stone. If the empathy with the daughter was great, with the father it was even greater. Then, of course, as the world is a one-bedroom apartment (as a good friend of mine says), I was with people who raced boats that ran by Clube de Vela de Lagos and who were guests of Idília.

The school has some of my former pupils working there, and whenever Idília needs a teacher, it's me she turns to (or used to). We always talked, keeping in touch until, for health reasons, I was on sick leave, and we started to arrange a lunch once a month, always on Wednesdays (the day Idília took off from school to telework).

Until, at one of those lunches, Idília told me she was going to write a book. A book that would talk about temples, a self-help book, a book that could help other people, as it helped her to overcome her father's departure and the traumas of childhood and youth. She asked me if I could review the book, to which I replied: sure, I would be happy to!

In reviewing the book, I allowed myself to begin a journey through places that are so well described, it's as if we were there, some where I've never been (and I don't know if I will in this lifetime).

The journey started in Lagos, at the Church of St. António. I have been to this church before, but it was many years ago, long before it was restored. The second temple that presents itself to us is the Temple of Paintings in Mexico. Next, we are led by the hand of Idilia, like an Angel, who introduces us to the Shree Sanatan Hindu Mandir Temple in London. I've been to this idyllic city before, and even had the privilege of seeing Tony Blair, with his wife and children, at the last rendering of the guard of the year at Buckingham Palace, on New Year's Eve 2006 to 2007, spent by the Tower of Big Ben, but I've never been to this temple.

Next, we are taken inside the Church of Our Savior in Copenhagen, Denmark, and then to the Hallgrímskirkja in Reykjavik, Iceland. Without wanting to give too much away, the description of this temple is strong.

Next, Idília takes us to Morocco, in the city of Marrakech, to the temple Ben Youssef Madrasa. Coincidence or not—because I don't believe in coincidences—I also made a trip to Morocco with a group of friends, just as Idília did with her group of friends.

The next temple is that of Santa Sophia, in Istanbul, Turkey, a country I have never been to, but this book has aroused my curiosity to get to know this culture. Finally, the Duomo, the Cathedral of Milan, in Italy, presents itself to us. I have also been to Milan (in the 2000s, just for a day, because we were going to the north of the country, to a lake near Bergamo, for a regatta—where I arrived and said: the earth ended there and here begins paradise), but I was never awake to this question of temples, until Idília kindly asked me if I could review her book.

This book, which I consider to be self-help, can also be considered as a travel guide, so that when we go to one of these places, we can consult and reread it, to make some of the routes that Idília opened the doors for us to know.

Good reading.

August 1, 2023
Maria Helena Horta

Preface

Everything was going to go wrong, and everything has gone right, at least so far...

In October 2022, at a conference on "The Right to Play" that took place at the Cultural Center of Lagos, promoted by the Commission for the Protection and Youth of Lagos, I heard Professor Carlos Neto say that children with maladjusted, unhappy childhoods and broken families will be adults with problems, inclined to violence, to crime.

If I was under fourteen in 2022 and had the childhood I had, I would have been a serious candidate to be referred to this commission.

I was born into a humble family, very hardworking, ambitious, and maladjusted. I was raised by a father, often absent at work, who aimed to give a better life to his children, and by my maternal grandmother until the age of eighteen (and in a more distant way by the paternal grandmother). I always felt a great absence and even neglect on the part of my mother, even from an early age.

I would like to tell young people that it doesn't have to be like that. If there is someone who gives you love, if you have resilience, if you believe that it is possible, if you have a purpose in life, there will be a lot of strength and energy to prove that despite circumstances, everything can go well. Difficulty is not a sentence of failure.

The purpose comes from the will to live, to find the things that make us happy, the little things, like a walk on the beach, socializing with friends, dancing, playing, laughing, smelling flowers, watching a comedy, teaching someone something, walking in a green space, eating a pastel de nata, working, and any number of things. They counterbalance the less good things that happen to us but that make us grow and make us more impervious to setbacks, that make us stronger, more capable, more resilient, and wiser.

This is a process that never ends. It happens throughout our lives and helps us make better decisions and helps us live at peace with ourselves and with others around us.

If I can inspire even one person with this book to believe that it is possible to be successful despite not being born into a golden cradle but into a troubled family, then it is worth writing. That one person can help another and then another, and my mission is accomplished.

One of the inheritances that my mother left me was the taste for traveling, adventure, and visiting temples—that is, developing my spirituality. Until the age of thirteen, when I stopped living with my mother and stayed exclusively with my brother, father, and maternal grandmother, I had traveled to Fátima, Lisbon, Braga, Seville, and Ceuta; it was enough to awaken the bug. What at the time was a real drag and even very complicated because I was sometimes alone for hours and hours, enclosed in a room without windows, was the possibility of meeting people who changed my life and conditioned the person I am today.

After my father's death in 2021, I decided that I should put in the form of an autobiography some of my learning in terms of socio-emotional education, my life experience, associating this wisdom, which I have acquired in the last twenty-five years, with trips to temples around the world.

It was also curious that, at the age of twenty-five, I was invited to teach sociology classes, after work, at the university where I had graduated. I had abhorred the subject as a student, because it was memorization, but as I loved and love to transmit knowledge, besides needing income, I accepted and reconciled with a job during the day in my area of human resources management.

I had to study and pass on concepts about religions existing in the world, so that students understood the diversity of people and the various world beliefs. I can say that it was extremely difficult to approach these topics and speak to an audience in an appealing way. I ended up making the classes very practical, with the discussion of the themes of the various religions with the rituals and beliefs of each one, thus making the classes even fun, as I think all classes should be. It is unbelievable that after a quarter of a century of my life, I have dedicated myself to writing a book about religions, beliefs, gods, and rituals from all over the world, with immeasurable pleasure and enjoyment; ah, the turns that life takes. I consider today that this book was already an omen.

Besides being able to inspire people to believe that there is a way to happiness, even if there was loneliness and neglect in childhood and youth, my goal is that readers can experience what I observed, what I felt on the visits to the temples, that they can review themselves and feel the same or other things in this description. I hope that it can be a way for people to find themselves in their spirituality or find a way, a hope, because life is made by walking in love and faith.

According to numerology, astrology and even the human design, all sciences that I have come to know throughout my life, just out of curiosity, my mission and purpose of life is to serve others. There is nothing like a book that reaches many more people and passes from generation to generation.

Finally, I would like to end the belief of many, that those who are born crooked can never get straightened out.

Thank you. You can be one of these people, either reviewing yourself or inspiring others.

Introduction

At my father's deathbed I discovered that, in addition to other things I had done in my life, I would have to put together in words, letters, numbers, and images something that would not be ephemeral and would be useful to many people. It would be based on everything I have experienced over these five decades and that I have learned in a more positive way, on the one hand, and sometimes in a way that is more difficult to accept, but that makes us grow much more.

Going back to my childhood, my mother was a practicing Catholic: she baptized me, I went to catechism and of course my first communion. Whenever we went to a church, anywhere in the country or in Spain, she was known for getting lost in time and making half the world wait, which made everyone who accompanied her very upset and embarrassed me. I even remember that on an excursion to Seville, dozens of people had to wait more than an hour for my mother, subjecting them to leave without us.

At the time, for a child, it was extremely unpleasant to see everyone upset with my mother and to consider that, in fact, there was no need to keep anyone waiting. This was one thing I learned: to be punctual and respectful of others.

One of the things I know today is that in life we must believe in something, have faith, and manage our own emotions in the best way.

There is nothing quite like seeing a mass of people on a pilgrimage to places of worship because they believe in something, even if it is a soccer club or a national team.

What are we looking for? The answer is simple: joy, trust, identification with others, and—most important—love. This happens whether in a stadium, a mosque, a church, or a place of worship that could have any name, anywhere in the world.

It must be stressed that my father was not given to manifesting emotions, despite being a sentimentalist and getting emotional when he saw a news story where someone was suffering. He was from a generation that a man does not cry and does not say what he feels, much less verbalize any definition of emotion (such as fear, sadness, or joy), he simply tried to hide it. After a weekend when we didn't know if he would arrive at the beginning of the following week, and as we were gradually getting to know that he was coming to the end of his journey, one of the last things my father said to me, on a Monday morning, in the month of May of the year he passed away (2021), with more meaning, already in his last moments of life and in the presence of my niece, was when he exclaimed, looking at my niece and me, with a face emaciated by the disease, which had consumed him for six years, with an expression and eyes that showed enormous affection and suffering, as he had never done in my entire life: "Girls, the most important thing is love. Everything else will come!"

This phrase will accompany me, as well as this situation, until the end of my life. It was decisive in my starting this project, driven by all the love I have had throughout my life, from my family, my friends, my coworkers, and everyone who crosses my path. Some last for moments, and others remain for eternity. Even if it is only seeing each other once every ten years, that love has marked us and contributed something to what we are today.

As well as going to church every week or sometimes every day of the week, my mother liked to write poetry and, despite all the psychological problems she had, which conditioned my childhood and youth, she managed to write a book of poetry, and this will remain for her grandchildren, great-grandchildren, and all those who come after.

The year I was orphaned of a father—I had already been orphaned of a mother for fourteen years—I decided that I had to do something that, when I am not here or even still in this life, can be a stimulus or inspiration for others as we seek to be happy and see the perspective that is most comfortable, pleasant for each one, believing that there is always a perspective that brings us what we seek in a temple, that joy, confidence, and always love.

Gathering the values inherited from my parents, I decided to search and visit the great temples in the world, record them in words and images, and, above all, explain what I feel in these places, in emotional terms, in order to help others to visit them, and to feel the same or their own emotions in these places of worship.

While my father was still alive, I was already talking to the doctors and nurses who accompanied him during his last months at my home, where my father stayed until his departure, about this project of mine. One day, during a visit from the palliative care team, I was discussing this topic with one of the doctors, partly also to ease the burden of the moment, when this doctor suggested a temple that I really had to visit as part of this project. Dr. J. Gamboa suggested the Shrine of Montserrat in Colombia. It was where he had promised to be a doctor more than forty years ago. And that day my list of temples to visit began to grow in my cell phone notes.

But I didn't know when and where to start, and I let life show me. Traveling was difficult at that time; we had been in a Covid-19 pandemic for more than twenty-one months, so something told me that I had to start in Portugal. The most natural start would be Fátima, where I go regularly, for more than twenty-five years, whenever I go to Porto or return to the Algarve, and I have been doing this route in my own car.

However, one night in early November, at one of the few dinners with friends that the pandemic allowed, one of my friends commented that he had gone to visit the new museum in Lagos, where the Church of Santo António would be, all renovated. The Municipal Museum Dr. José Formosinho, had been inaugurated exactly on the day I had celebrated my fiftieth birthday. Because I was born on the day of the city of Lagos, my parents named me after my paternal grandmother, by the way, it was not easy to have a name difficult to pronounce as a child or young woman and then a boy's name, which is the name of the patron saint of the city—S. Gonçalo.

That same evening, as a result of my natural spontaneity and impulsiveness, I had just chosen my first temple, in my hometown, which had reopened on the day I turned fifty; nothing would be by chance.

1

Santo António Church: Lagos, Portugal

November 27, 2021, exactly one month after turning fifty and just over six months after losing Dad in the realm of the living, I went to visit my first temple with the purpose of starting this project.

I didn't know what to expect. I agreed with my husband that we would go after lunch. I went to get the camera and the tripod I had already bought for this purpose. I took my youngest son. The middle one was not even there—*sweet sixteen*. He had gone to his girlfriend's house. I also took an invoice from the landline operator to prove that we were residents so we did not have to pay for a ticket. Not that it would have made a difference, but if it could be free, we wanted to take advantage of it.

I was excited. I had been to hundreds of churches all over the world, but I didn't know this one in my own city. I had regularly attended others in Lagos and Luz, but I didn't know this one. I didn't know what I would find in the museum either. As I often say, we live near the end of the world, and this end is in Sagres. This is the resulting thought of someone who lived eighteen years in a big city and returned to her hometown of about thirty thousand inhabitants where almost everyone knows each other—with all the good and the unpleasant.

The moments after I entered were magical. I was very impressed with the entrance. It seemed like I was somewhere other than Lagos. I arrived to buy the tickets. It was not necessary to show the invoice because the lady at the ticket office knew me well from other receptions she had worked. I asked her if she wanted the invoice. She replied: "No need. I know you quite well, and I know you live here." I don't know if this rule will apply in the future, but it is a good incentive for Lagos citizens to visit this work of art.

As soon as we entered, I was very impressed with what I saw inside—the extremely good taste in decoration and the innovations it contained, such as three-D holograms of barnacles and seafood I love that is common on this Vicentine Coast, as well as blue butterflies and sharks. I was also impressed a lot by two walls dedicated to women. The first one was about women who had once been artists. It was called A Place for Women, and the other was titled Our Girls. It referred to the girls who work in lace and embroidery.

I am not a feminist, and I don't like radicalism or demonstrations; however, being a woman and having spent my youth with a father and brother because my mother left for another house, I heard all the time that "women can't do that" or "that's not for you" or "you can't do that." Of course, I spent my whole life proving them wrong and refuting their male chauvinism. One day I found out that the year before I was born was the year women started to vote in Portugal without any limitations. Before that they had to be married or know how to read and write, which is something I can't even accept or understand. So whatever I can do to dignify women, I will do.

I was very touched to see two wings for women, which demonstrates the actual relevance of this museum. I will not describe the museum, which is worth visiting. I only saw the first part of the museum. There were plans to open another part on the other side of the street where the police station used to be. That part of the museum will evoke memories and include artifacts from before 1470.

It was impossible to remain indifferent to the various S. Gonçalos on display. Even my four-year-old son said: "Mommy, it's S. Gonçalo!" Simply superb.

The church is at the end of the museum, and to get there you have to go all the way around it. As soon as I passed the old red door, I glimpsed a sacristy with completely restored red furniture, and the statue of St. Anthony with his baby Jesus and the book, which was absolutely stunning and delightfully restored. I was anxious and at the same time joyful about going to the church.

Then I walked inside the church of St. Anthony. As soon as I arrived, I looked around and felt enormous satisfaction. What I saw was something magnificent. I was inside a church completely covered with gilded wood, immense images of saints, angels, baby Jesus, an altar, and a ceiling painted with the shield of Portugal. Everywhere you breathed Portugal and everything our ancestors left us, which dignifies who we are and what we will leave for the new generations. I felt immense pride, satisfaction, and joy for being Portuguese, for being born in Lagos, and for my countrymen who created such a work of art and kept it alive until the twenty-first century, even after an earthquake. I felt the love of having a son visiting that beautiful church. His mouth was open the whole time, delighted by what he saw. My husband photographed that moment, and even though his art is not photography, he embarked on another adventure of mine, clearly for love.

This military church (of the former Lagos Infantry Regiment) existed in 1702 in Largo de Santo António. It underwent major renovations in 1718 and 1769 and was classified a national monument in 1924. The exterior is extremely simple, contrasting with its ostentatious gold-covered interior. It has eight paintings depicting the saint's miracles and, of course, the statue of St. Anthony on its altar, which is represented by a single nave and is of exceptional beauty.

Unlike some Protestant churches I've visited where there are no saints or images, this Catholic church is filled with statues and images of angels and saints, giving it a cozy and comfortable characteristic that makes you want to stay there for a long time.

As I was not allowed to use the tripod; my husband had to take a picture of me and my son Salvador. But that photo will never fully capture the true impact that this temple has for those who visit it.

I couldn't have chosen a better temple to start this journey. After that, I didn't know where to go. I decided to let time decide which temple would be next.

All my life I have been driven to plan. If I didn't plan, I was afraid it wouldn't go well, and then I would be extremely upset if something unforeseen happened, which led me to plan more and more in order to prevent something from going less well. Of course, planning comes at a high cost of time and effort, and many times it is absolutely necessary because it involves resources at various levels that are crucial to the success of an activity.

However, life in recent years has taught me that planning

eliminates surprise and, in turn, creates a high level of anxiety for everything to go according to plan and meet high expectations. Therefore, I started planning my trips less and less, leaving decisions to be made the day of or days before. Of course I would make the first night's accommodation and transportation and analyze certain variables that could influence possible destinations and the ability to make some wishes come true.

In this project I plan to leave which temples I visit to chance. Contrary to everything I am used to, I will *go with the flow*.

Above all, I will try to enjoy and feel the moment as much as possible, as it was at this first temple. And if something does not go according to plan, I will accept it and enjoy the surprise with joy and humility and be thankful for the opportunity to do it with a lot of love.

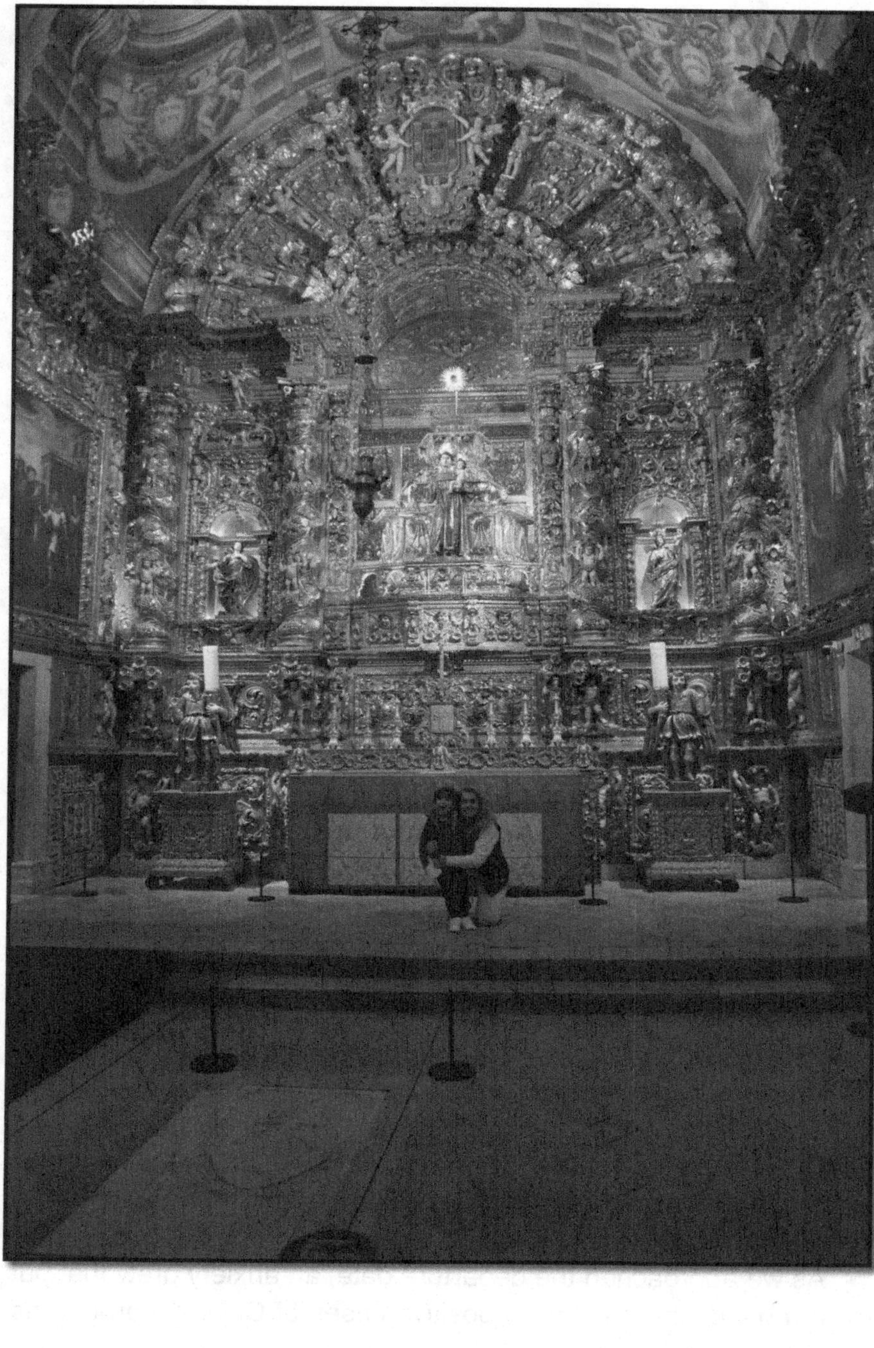

2

Temple of Paintings: Cobá, Mexico

We had been talking about going to Mexico for more than ten years. Everyone who told us they had been had loved it. This created enormous anxiety and high expectations. Would we ever be able to go?

The year 2021 was very challenging, and I didn't want to reach the end of the year without being able to make a trip happen. And so it was that after many setbacks, I started trying to book the trip in September. At the end of October I still hadn't succeeded. Either the planes were overpriced or full, or we couldn't get dates that would meet the needs of five people with classes, work, and exams.

Finally, as I felt it was my last chance, I changed the person I had delegated the booking of the trip to. I gave the new person only two requirements: that we arrive in Portugal on January 3, so that the kids would not miss school or exams, and that we spend the night of December 24 in Portugal to celebrate Christmas with the family, which that year was in Porto with Paulo's parents. I begged the agency lady to arrange a trip to Mexico for the five of us.

A few chances came up again in the following days, and after a week we had a plane but no hotel. The trip was really screwed up. Then we managed to get a hotel, and we had no seat on the plane there. Finally, TAP created a flight, for December 27; such was the demand. There we managed to have five seats on a plane, all together and that met the requirements, it would be less days there, but that would be the least of the problems.

As we approached the departure date, an anxiety grew that put us in a panic, the number of positive cases of Covid-19 around us grew day by day, and we never knew if we would be able to board the five passengers; the fear was installed. Every day, we hypothesized what to do if any of us tested positive, what we would do, who would go, who would not, how to solve it, because we really wanted to go, but if we were not the five of us, it would always be an extremely unpleasant situation, jeopardizing all the pleasure of the trip.

We tested every day. We sent messages to the boys to isolate themselves, not to have dinners or social gatherings; we postponed Christmas dinners with friends, so as not to take risks. In short, it was a time of intensity and fear, which even increased the desire to go on vacation for the five of us to be together in peace and joy, in warm weather.

The week before departure, my eldest son went to the mall and ate some sandwiches—that is, he took off his mask—with a friend who would end up testing positive for Covid-19 the next day. I couldn't believe it. It was a *stressful few days*, a spate of harsh messages that just expressed the anger that everything could go down the drain and the trip wouldn't happen, due to a completely harmless shopping trip. He tested twice a day, and fortunately the virus had not reached him. Maybe because he was still immune, having been infected just over four months earlier.

Several episodes could have jeopardized the trip because of Covid-19, and until we boarded, there was constantly the idea that something could happen and would prevent us from going to Mexico, although no vaccination certificate or negative test for Covid-19 was even required to enter Mexico.

As soon as we landed and saw that we had made it, despite the ten-and-a-half-hour flight, I felt a joy and a sense of achievement that overcame all the fears and anxieties I had felt over the last few months.

Love and faith won!

We managed to get to the hotel at two a.m., and after five hours we had to be at breakfast to go on a tour to Cobá and Tulum.

I wondered if I would have the energy. Unlike my youngest son, I had slept zero minutes on the plane, as usual, but I had seen about four movies and had got emotional several times. I was really happy because I was going on vacation with my soul mate and my three children.

But happiness gives energy, and after a funny episode of not being able to open the suitcase and even hypothesizing that we would not be able to go on the tour, because we would not have clothes to wear—the clothes we were wearing were not suitable; it was winter in Portugal, and in Mexico were more than 27 degrees Celsius (80 degrees Fahrenheit). I searched the suitcase, and after all the code was correct, the suitcase was the other way around.

At 7:30 a.m. our guide, Rui, was at the meeting point at the hotel reception for a day that had everything to be very different. It already was, because in just over twelve hours, we abandoned the knitwear, coats, boots, and pants and put on a bikini, shorts, a summer dress, or T-shirts and flip-flops in the middle of December. A wonderful feeling that I had never experienced in my fifties.

There was some expectation to visit the temple I had chosen in Mexico. Far from imagining that I would love it, because it was not the biggest, it was not the best known, but it was part of the visit we wanted to make to the Tulum National Park in Cobá, an archaeological site corresponding to an ancient walled city. One of the last built and inhabited by the Mayans, this had been one of the largest trading ports in the state of Quintana Roo, on the coast of southeastern Mexico, on the Yucatan peninsula.

This Temple of Paintings, also called the Time of the Frescos, is set in this very well-preserved ruined city. As we went very early, there were very few people. Right at the entrance we were presented with a story of a Goddess Ixchel, from Mayan mythology, and of a Spanish sailor who had been captured, made a slave, and saved only because he had green eyes, so that the Mayans would think he was an envoy of the Gods. His name was Gonzalo Guerrero, and he ended up marrying the Princess of Water, Zazil Há, presumably begetting the first three mixed-race children in Mexico and the continental Americas.

It was a beautiful day, with a sky dotted with clouds, which looked more like cotton candy, not too hot, not too windy, just a breeze that softened the temperature and would increase throughout the day, despite its being winter. The park was very well maintained, and at that time, there were still few people, something that when we left was no longer a reality. The entrance, a fortress passage, narrow and so low that even I had to stoop, in a fortress that could easily be crossed on foot today, opened onto a set of ruins restored from the twentieth century, with accessible beaches. This stunning place, with the palm trees that typify the Caribbean, had once been one of the most fortified sites of the Mayan culture. On a steep slope, it was protected by a coral line that discouraged invaders from the coast. Only those in the know would be able to find the entrance, which would be illuminated by two torches strategically placed in the castle's windows, and which would guide commercial sailors safely through the only coral passage, as if they were maritime beacons.

The Temple of Paintings is a small but at the same time spectacular structure. It is in the center of a series of structures called Ruined Temples and Palaces, all very small and low, as the Mayans had and still have a small stature, where my 1.55 meters felt quite tall. As we approached, Rui identified the temple to me, which I immediately recognized, as I had seen several pictures. Suddenly, a huge butterfly appeared. Completely orange, it seemed to be welcoming us to the temple that I had chosen to visit and portray in this book. It was a monarch butterfly according to Rui. It was an amazing sensation; for me seeing a butterfly, by itself, since a few years ago, has a very special meaning, a mystical feeling, of something much higher than our existence and the transformation of humanity and the universe.

After realizing that a butterfly lives only between two and four weeks outside its cocoon, I realized that human longevity is gigantic compared to a being that transmits to us a beauty and tranquility when we observe its flight. That butterfly would have been almost four inches across. It was huge, and almost all of it was a very bright, beautiful orange. They are called the Methuselah Generation and are the butterflies that emigrate from Canada to Mexico and vice versa. When looking for what an orange butterfly could mean, I found that it could be a warning that time passes and that now is the time to take care and make the most of opportunities. It also means prosperity, freedom, joy, love, happiness, health, protection, and luck—everything I hoped to have at that moment and in the following years for me and my family. I even managed to take a picture of the butterfly next to the temple, although the picture does not show the grandeur of what the human eye saw.

I was dazzled and felt lucky to be able to have my children and my partner there at a time of pandemic. It sounds stupid, but my feeling was one of immense achievement, to have been able to arrive there. The Spanish arrived in the fifteenth century, and the Mayans who lived in that city had to abandon it 100 years later, due to the high mortality caused by the diseases of the old world, carried by the European invaders. Only this time no one had to leave any city or Europe. Namely Germany and the United States of America would manage to find a solution to the pandemic and save humanity.

Thanks to the evolution of science, almost all of us are alive after a pandemic that has affected the whole world. So I felt super grateful and blessed, because about twenty-two months ago, we were hypothesizing that no one could survive this virus, SARS-CoV-2.

The Mayans consider the Temple of Paintings to be two Temples, a gallery at the top and another at the bottom, larger. Several sculpted figures there are identified as the "Descending God or Diver," a human seen upside down, as if diving. It has some columns, and its decoration at the top consists of handprints in red.

This building was used by the Mayans as an observatory to record the movements of the sun.

According to Rui, our guide from the Exploratours company, the Mayan culture was very matriarchal, and in their mythology there is a goddess Ixchel, the Arch-Iris woman, the goddess of love, fertility, water, moon, and medicine.

When I heard that, my feeling was of total identification with this civilization. Gonzalo Guerrero, the Spanish sailor who was shipwrecked, had been spared because he had green eyes, and his other two companions had been enslaved to death. I too have green eyes, and my name is Gonçalo. Throughout my life, I have often been called a warrior, because I am of unbridled determination when I fight for my causes and convictions, and I hardly ever give up.

Gonzalo became famous for leading a war and collaborating with the Maya, and as a prize he was given the hand of the daughter of Nachan Can, one of the most feared warriors in Belize who fought the Spanish invasions. His daughter was the Water Princess, Zazil-Há, who married Gonzalo, and they had three children.

My God is Jesus, but easily I would be a Rainbow Goddess,

one of nature's miracles and visible many times. I feel privileged to have three children, all of whom are healthy, at least so far, just as they have been. How many women can't even have one, even after resorting to *in vitro* fertilization or various treatments. In my case, I even had the blessing of getting pregnant naturally and carrying a pregnancy to term, at the age of over forty-five.

This goddess could have my devotion today, because love is what moves me. I love water, where I have my epiphanies, whether in the shower, in a pool, or in the sea, and I thank medicine for after this pandemic we are alive and apparently healthy, although I do not know what effects these vaccines may have on our body in the medium and long term. For now, and with the knowledge I have today, it is a miracle of science that, in such a short time, researchers have managed to find a solution to this pandemic.

My feelings are of gratitude and blessing to have had the opportunity to know this Mayan civilization and to know these stories, with my four men, at a time like this that the world is going through, safely.

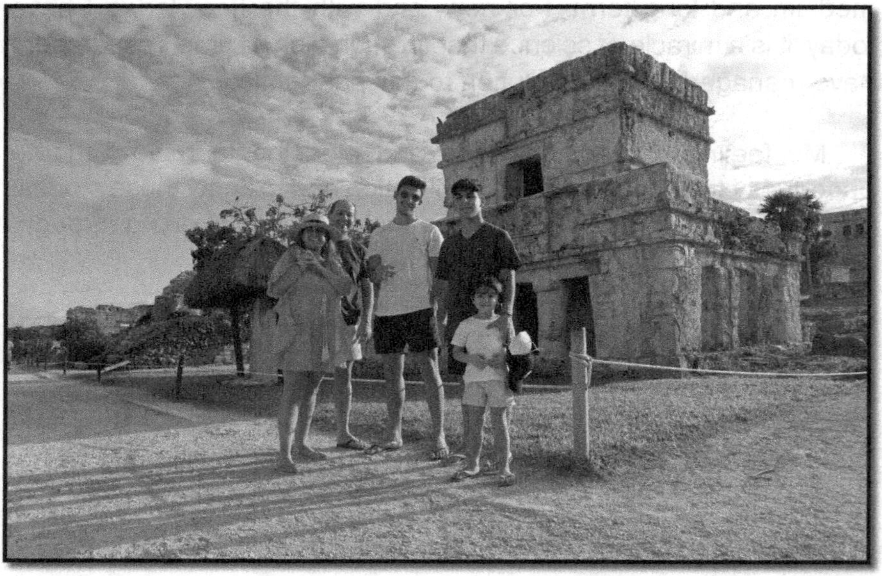

3

Shree Sanatan Hindu Mandir, London - United Kingdom

Not much time had passed since my last adventure. Far from thinking that, after a month, some friends who, by the way, opened a school the same year as me, in 2010, challenged me to go to an education fair in London.

The capital of the United Kingdom is a city that is very familiar to me. I took a master's degree eighty kilometers from it, in Luton, and lived that year in Wendover, on the outskirts, with a great friend named Kay, whom I had known since I was six years old. I had been there several times for work and also for leisure with family and friends. At first it didn't appeal to me, but with this book project and since I could provide a trip for someone who worked with me and see what would be "in" in the education business, it started to make some sense.

I still questioned the only coordination colleague who had not yet traveled with me to London. Another was in the last trimester of pregnancy and ended up having her delivery the week before our departure. She was to tell me if she would not want to or could not go, and I put my going on the condition that she would go with me, because traveling alone is no fun. My friends were traveling from Porto, and they are a couple, plus they would be going more days than I could go.

What was my surprise when she, without hesitation said yes straight away. I still urged her to ask her husband if he saw any inconvenience, hoping that he would have some impediment, but a few minutes later, she quickly called back to say, "Everything is fine! Let's go to *London*."

At that moment a trip that was not meant to happen started to take shape right away.

In a short time, we booked the flights and the hotel. Then we organized a dinner to agree on the attractions to visit and what we would attend. We had to go to a musical and at least one visit to something Monica wanted to visit, apart from the *must-go* places we would try to pass on a walk. Nothing better than a dinner to decide what to do in London. It should be mentioned that this colleague and friend of mine is married to a good friend of my husband who lived in the same street as me when we were children, Marco, but they crossed paths in the activity of cycling as soon as my husband came to live in the Algarve, a year before I returned. Then Marco introduced me to his wife, and years later, when I decided to delegate some duties I had at the school, my first choice was to go and get my friend, whom I trusted, to accompany me alongside. In other words, this dinner would be another gathering of friends, very common on Saturday nights, but which had grown scarce, due to the pandemic and the risk of being infected with Covid-19.

It was funny that I introduced about thirty musicals on the internet to Monica. Then I told her about when I had taken the kids to London about nine years ago. We had been to a show called *Something Like Hip-Hop*, and it had been absolutely fabulous, and that theater was on Portugal Street. The only condition Monica had for choosing the musical was that I hadn't seen it. I had also only seen one of the more famous ones: *Phantom* of *the Opera* in London and *Dear Evan Hansen* in New York, so she had a good chance. After analyzing it well, she chose *Saturday Night Fever*, to my great amazement, because I thought she would choose something like *Lion King* or *Hamilton*, which is what I would choose. But I was in for a bigger surprise when we went to see which theater this musical was taking place in, imagine that, on Portugal Street, the Peacock Theater. That was a good foretelling.

Then Monica chose another attraction, in this case the London Eye and a breakfast at Sky Garden, this one with Pedro and Sandra, my friends from Porto, who had challenged me, and we stopped there. After all, the visit was fundamentally to go to the Bett fair of education, and we would try to combine it with some fun.

Then I had to think of a temple to visit. At first glance I thought I would go to St. Paul Cathedral. It was only a few minutes' walk from the Sky Garden, and it would make perfect sense to visit on Saturday after breakfast, like brunch. However, despite being Catholic and never having visited the cathedral, I thought it would make more sense to go to a different place.

I searched the internet for the various temples in London and came across one that caught my attention for its beauty and architecture. Also, it was Hindu, which aroused my curiosity even more.

Without knowing how it would work to visit such a temple, I sent an email asking for permission to enter, to which they replied that I could visit at certain times and days, which was practically feasible in the few days that I would be in the kingdom of Queen Elizabeth II. I would have to analyze whether I would have the opportunity to visit it, since it was still a little far from the city center. I was trying not to program anything and let the universe lead me on the trip, in the best way, in order not to create expectations.

The day came for us to go on our trip. Our main purpose was to go to an international education fair. What happened in the first instance.

On the day we were due to go to our chosen temple, which was in Wembley, we arrived there by tube, about forty minutes from where we were sleeping. We walked along the sidewalk, in a very busy area of cars, to the temple. As we were arriving, Monica was startled by a huge bird that flew over us very close to her side.

Along the path, on the left side of the sidewalk, there were small typical English houses, with a door and a window on the ground floor and two windows on the second floor, one above the door and the other next to it, covered with a small roof. They were all nearly the same, differing only in color, and about three steps took one to a small courtyard or garden. A low wall served as a separation for the sidewalk, and every house had a small gate. Everywhere there was an ever-present smell of curry, which indicated the presence of Indian restaurants and the predominance of an Indian community in that locality.

The bird that accompanied us was of a size well above average, more than half a meter from the head to the end of the tail, almost like a seagull or a duck over our heads and flew next to us for some time. It was beautiful and at the same time surprising, because there were no other birds around. This black and white bird, with a black beak and a huge blue tail, was also gigantic for a city bird. It accompanied us for a few minutes, flying next to us and landing on the various houses we passed.

It was almost as if it was welcoming us. I was as surprised as Monica, if not more so, but I didn't even have the presence of mind to take out my camera and photograph it. It took me a while to assimilate that it could be a sign that we were in the right place, and it could be related to our visit. By the time I argued that I should record the moment and got the camera ready, the bird had already flown to a nearby chimney. I waited for it to fly away so I could take a picture of it, but the bird was not ready for that. Then it was when I remembered that the bird could be my guardian angel, and I verbalized, "If you are my guardian angel, fly." That was when the bird took f light, and I managed to take a picture of him, albeit very far away. Coincidence or not? The question remains.

I had no idea which bird it could be, but we were less than 164 feet away, and our mission was to dedicate ourselves to the Shree Sanatan Hindu Temple.

From a distance it was curious. We are used to seeing temples in cities as large buildings, with large towers visible from anywhere in the city. This was not the case. It was a low building very well framed in first-floor houses typical of an English neighborhood of that locality of Wembley, in the suburbs of London.

This temple, which was completed in 2010, is stunning for its walls and domes, and all of it sand-colored. Apparently like all Hindu temples it is based on the scripture of the Shilpa Shastras, the science of Shilpa, which are manuals describing the arts and crafts and the rules, principles, and norms of designing Hindu sculpture and architecture—rules touching on carpentry, painting, stone statues and murals, textiles, and other matters, where everything is defined in architecture.

The temple is almost square in plan, aligned with its main doors facing east. It has an arch supported on pillars that also serve as a gateway to the temple's outer space. Almost the entire building is geometric and square-based, with only two round domes, all the others are pyramid-shaped, with several arches for windows and doors. This temple has eleven inner temples and twenty-nine smaller shrines, which house a total of forty-one deities.

At the front is a large staircase that is seen from the sidewalk outside the temple, with a main door and two smaller adjacent ones. Below the staircase, on its left side is another entrance, through which we entered the temple.

No steel or metal parts were used in the temple, not even a metal bolt. For spiritual reasons, iron materials are considered inauspicious in Hindu culture, which allows only copper, silver, or gold.

Already inside the outer space the feeling I had was a strong squeeze of the heart, like an anguish, without being able to understand why—something I hadn't felt until I got there.

In fact, the whole time I was there, since I entered, I always had a strong emotion of anxiety, worry, apprehension, and restlessness without any reason for it, except when I finished the ritual of blessing Shiva and in the observation in the mirror, something I explain later.

To the eye what we saw was beautiful, organized, everything geometrically thought out and built. This was contrary to my feeling, since organization usually gives me a feeling of calm and tranquility.

On the left side of the building was a white tent, where we entered. Inside there was a small chapel where many people entered and performed a ritual. There taking pictures was not allowed; nor could we do so inside the temple.

In this chapel, there was a small altar where two deities stood, a Hindu God, Shiva, and Parvati, his wife.

Shiva is one of the supreme gods of Hinduism, also known as "the destroyer and regenerator" of vital energy; his name means Auspicious, that is, the one who gives hope, the one who does good. Shiva is also considered the creator of yoga, due to its power to generate transformations, physical and emotional, in those who practice the activity.

Several people entered this tent, removed their shoes, and entered the chapel and watered the statues of the deities with milk and water. I accompanied some of the visitors and watched the ritual from a distance.

After a while I decided to do the same, copying what the devotees had done.

The devotees would pour a glass of water on Shiva, followed by two glasses of milk and again a glass of water. They would also pray a mantra of "Om Namah Shivaha." At the time I did not understand the ritual very well, but I did everything the other devotees had done. In the end, I felt good and peaceful, even though I didn't understand the purpose. There was a gentleman next to the altar as a security guard, who was very nice and indicated for me the number of times I should water God Shiva and with which bowls.

After studying the ritual, I understood that cow's milk is a conductor of positive energy flowing in the body of Shiva, which will make the devotee strong mentally, physically, and emotionally. The recitation of the mantra "Om Namah Shivaha" is understood to be beneficial in treating all physical and mental ailments, bringing peace to the heart and joy to the soul.

I found it very interesting when I came to know that Lord Shiva was a God with a very short fuse. When he opened his third eye, he could set the whole universe on edge, filled with anger. By constantly pouring milk on him, devotees ensured that Shiva's head would always be kept cool and calm, free from revolt.

The curious thing is that since my childhood and for many years I have always been very impulsive, there was even a company where I worked where I was nicknamed "hurricane." Until, in 2004, when I learned about the science of emotional intelligence and underwent an Emotional Competence Inventory (ECI) by Sofia Calheiros. I invited about forty people around me, from suppliers, customers, colleagues, managers, and employees to friends and even family members who would have to answer a set of more than fifty questions about me anonymously, resulting in a report on how I was observed by others, by categories.

The report was fabulous in terms of self-awareness, and there was a common point in the various categories where I needed to develop an emotional skill: self-control. It gave me a clear sense that others saw me as such, which for me would not be so bad, but sometimes I had a terrible impact on others. It opened my eyes, and I gradually tried to work on that skill in myself, trying to regulate my dysfunctional behavior. I tried to understand what my triggers were, dissolving their importance and making them less important and even sometimes insignificant, minimizing my reaction to them.

It was a long road. Today after more than eighteen years, I believe that this self-awareness that I had that year was transformative, even life-changing. It was several hours of therapy and coaching, hours of individual work in order to understand the factors that had generated my shadow child, which had created a series of defenses, the result of my childhood and youth experiences. These factors were decisive for me to be the person I am. They created in me the resilience and the courage to try to fulfill my desires and intentions for the common good. They had also created a series of defenses to preserve my livelihood and my integrity, and when something questioned these values, they made me animalistic and completely irrational.

It was necessary to demythologize my shadow child, my inner child, to realize that this was necessary in the past. The emancipated life I had so early made me a strong, resilient, courageous woman, but in reality for an adult, it made no sense. Not everything that seemed a threat was really an attack on my integrity, on my person, or on those around me.

I believe that there are many people who, due to their childhood and even youth, have created defenses, protections that in the adult state do not make any sense. They react to certain events in a defensive way, when the context has nothing aggressive or attacking. These people should seek professional help to resolve these issues, in order to resolve their mental health with themselves and in their relationship with others. There are no guilty parties; there are situations that existed and that helped in a huge number of contexts, but on the other hand, they leave marks that if left untreated will condition our behavior toward others, even our partners, our children, or our coworkers, who have nothing to do with our childhood and our ghosts. They end up suffering with us. They find it difficult to empathize, because they have not lived or do not know our past and cannot help us—just as we cannot help them without helping ourselves first.

At the same time, I increasingly believe that we are the ones who choose the family where we will be born. This is because, if I had had a super conventional home, full of pampering, respect, protection, and love, I would not have needed to grow up so early. To create a protective mask, I would not have needed to create a set of tools to develop and design a path that would guarantee me success and prove to the males I had at home that a woman can be autonomous and completely independent, without the need to resort to a father, brother, or husband, whatever it may be, all different from what was presented to me at home.

This is a thought I have today. Possibly eighteen years ago I did not see such a concept, but today I have no doubt that my path was determined by the need I had to prove to any man around me, and even to my father, that a woman can do anything she wants, anything she imagines. Just wish, even if you have a father who says that is not proper for a woman or that society says that a woman cannot, even if you have no female reference, because you did not have much education from your mother, which was my case.

Returning to the Shree Sanatan Hindu temple, after that chapel, where I watered the God Shiva, we headed for a door on the side of the main stairs. We had to remove our shoes again, and we climbed some snail-like stairs to the level that would be the main one.

There were many female deities in the small temples, far outnumbering the male ones, and there was also a lot of luxury, wealth, and glitter, with lotus flowers, snakes, and other signs of superiority. Many of the deities had several heads or several arms or even just several hands.

These deities or gods are considered to be the saints of the Hindus, who bring prosperity, health, self-confidence, self-esteem, and protection against diseases, among other blessings.

Something that jumped out at me, is that there is no racism in Hinduism. This is because there are gods of black color, and there is also a god with a human body and the head of an elephant. According to Hindu mythology, this is the son of Shiva and Parvati, and his name, Ganesha, means the god who provides abundance and success, the master of wisdom. Therefore, this deity is always found at the door of all Hindu temples and at the doors of the houses of Hindus, as their protector.

The entire temple inside has to be visited barefoot and is surrounded by several small temples, where its eleven gods or deities, whatever you want to call them, are located. Each one has its own meaning: for example, Shri Rama Darbar teaches us to walk the path of dharma, happiness, and integrity. He was an ideal king, an ideal son, an ideal husband, and a supreme protector for his devotees.

The whole Rama Darbar is a symbolic representation of our self. We have various parts of ourselves: the body, the mind, the intellect, and the soul.

In the center of these small temples, we have a large and spacious room, carpeted with geometric shapes and bright colors where meditation practice should take place on a regular and daily basis.

The most interesting thing is that, in all the religions that have crossed my path so far, the values are very common, including integrity, solidarity, and truth. Hinduism, the main religion in India, is no exception and has as its main characteristics the respect for antiquity and tradition, a trust in sacred books, and the belief in God in some form and its worship. I increasingly believe that there can be several Gods and that the most important thing is to have a belief, whatever God it is.

Returning to our bird from earlier in the visit, at lunchtime we searched the internet and found that the bird we had seen was a magpie, very common in the UK. However, the one we had come into contact with was very large indeed.

When we researched the magpie, it was a surprising discovery, as they are one of the most intelligent land animals on earth. They are from the cormorant family, show an extraordinarily high IQ, and are brave and highly resourceful. In many tests and experiments carried out on these birds, it was found that they could imitate human speech, play games, whine, and work as a team. They were also able to make tools and use them.

While humans have no trouble recognizing themselves in the mirror, this trait is not so common in the animal kingdom. In several experiments on animals, only a few rare species were found to be able to do so: four species of monkeys, bottle-nosed dolphins, Asian elephants—and Eurasian magpies.

As magpies are the only non-mammalian animals that have the rare ability to recognize themselves in the mirror, they are symbolic of self-awareness.

The most curious thing was that almost at the end of the visit to the temple there was a round wooden table, with a mirror as a top, which invited us to look at ourselves in that mirror with the rule of not touching it, through an A4 sheet. I did this exercise and, of course, as a self-critic, I identified a number of less positive features of my face, the result of my fifty years. However, in a second observation, I registered the ceiling of the temple behind my face, where a set of square geometric figures, very well organized, was the figure of the ceiling of the whole temple.

Coincidence or not, ever since I was a little girl, when I am most impatient or trying to calm down or concentrate on something, one of the things I do is draw a lot of squares on a sheet of paper. That image of my face, with that background, gave me some serenity that I hadn't felt until then during most of the visit to the temple.

At lunchtime, when we discovered that the bird that had guided us to the temple was one of the few animals that could recognize itself in the mirror and that, at the end of the visit, we had both seen ourselves in a mirror, we considered that there was a direct relationship. Today, as I write, I believe that nothing is by chance and that we are developing a self-awareness of our emotions, which will be decisive for our self-knowledge and for our wisdom in improving our relationships with ourselves and with others.

According to Daniel Goleman, the pioneer of emotional and social intelligence, self-awareness of our emotions is one of the most important emotional skills in human beings, being the starting point for all others. It is essential, both to know ourselves and to be able to evolve, and then in the relationship with others, that is, in self-management, in social awareness and in the management of our relationships with others, developing the decisive and fundamental empathy.

Based on this discovery of the bird that flew over and accompanied us, the mirror that invited us to look at ourselves, and the self-awareness conveyed by the various symbols that were presented to me throughout the visit to this temple, I can only say that there are no coincidences and that, in fact, my guardian angel was present that day in March. I am immensely grateful for having been able to get to know this religion in more depth, thanks to this temple here so close to where I live and in our Western world. This religion does not have values so different from those of the Christian religion.

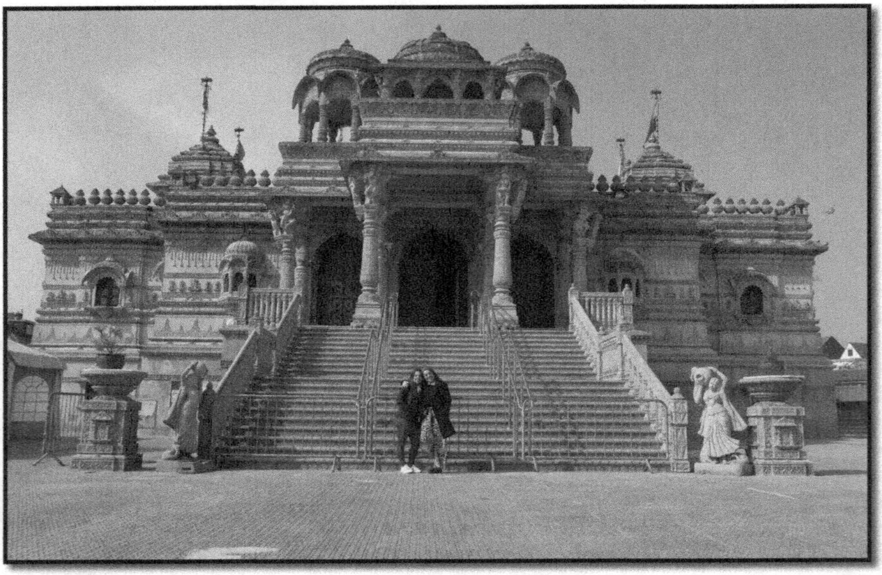

4

Church of Our Savior, Copenhagen - Denmark

The purpose of this trip was to get to know a developed culture, held up as an example for Europeans, together with my husband and children, so that we could all learn a little more about how we could live better and wisely.

It turned out to be much more than that.

I already knew Stockholm, one of the Scandinavian cities that until now inspired me in an extremely positive way. I always remembered it as one of the most beautiful cities I had known—perhaps because of when I was there, although it was in April and everyone told me that it would be very cold, I was warned with several layers of clothes. It turned out to be a long weekend when I wore short sleeves and it was always sunny, which made the city look even more beautiful.

I had expected, although I know I shouldn't have any expectation as there is a strong chance it won't come true, that it would be an educational city for my children and that we would create memories all together as a family, which it turned out to be.

Throughout my life, I have learned that it is safe to plan everything as carefully as possible and to follow the planning to the letter. I often said that I even had a German streak, even though I didn't know anyone in my family who did. I learned somewhere at school that it takes Germans five years to plan a car and only a few days to produce it. By contrast, Portuguese people plan absolutely nothing and always have plan B, which is "we'll see." I always wanted to counteract this tendency, because I wanted to do everything right, to counteract what I was destined for: failure, unsuccess.

It was a belief largely developed and stimulated over more than thirty years, until my coach Ângela in 2020 began to question it, and I also began to put it to the test, with regard to my personal life. In practical things, that is, in my professional life, it is still, and I think it will continue to be, very structuring and a guarantee that I am doing the right thing for everyone, where I have considered several variables for a positive realization.

It was and still is difficult to abandon what was safe in travel, what I could plan, from setting hours and places to visit to choosing hotels, since we were going to unknown places and I wanted to see as much as possible, in the shortest time, that is, to optimize the trip as much as possible.

Last year, on one of the trips to celebrate my birthday in October, I took a trip with my husband for the first time, where I only booked the first hotel and rented a car while still in Portugal. We had planned to do a road trip, in a highly civilized country, Switzerland, at a time of low season and still in the middle of a pandemic, which gave us some guarantee that it would go well. It was the first time we did it. We were deciding which city to visit, as well as the hotel to stay in the next day, always the night before, through Booking. For me it was a real adventure, but it was the beginning of what I now call *Let it go with the flow.* Needless to say, it went super well, and both my husband and I made the most of these last-minute decisions. This was also conditioned by the weather, which kept us from visiting some places we were interested in but in return took us to magnificent places that otherwise we possibly would not have seen.

On the trip to Copenhagen a curious thing happened on the plane. My children, as usual, started asking a series of systematic questions: Mom, what are we doing tomorrow? Where are we having dinner? Is the hotel where we are staying cool? Now, I had already planned some places where we could go to dinner; after all, we were five and with a four-year-old. The hotel was booked for all the days we were going to stay there, but I was focused on leaving the plane and seeing where the trip would take us.

By way of challenge and with a somewhat sulky attitude, since they also had the objective of stinging me with the successive questions, as if indicating, "She has already planned this all to the point that we have no margin of wanting to see, whatever it is, everything is designed." I replied, "Okay, I have nothing planned, so tomorrow we will walk wherever you want, we will do the city tour as you want." To which they promptly replied, "You've already sulked,"—something I haven't done since I was seven or eight years old, as I had no space, no chance to do it, as no one would listen to me or pay much attention to me.

But I was determined to prove to a nineteen-year-old and a seventeen-year-old that I could go as they pleased, to visit the city as they wished, and I hadn't even decided which temple to visit or describe for my book. Mind you, it was challenging for me at the time, but I had the idea that of the three days I would be in the city, I could afford that even if we didn't see anything interesting that day, I would still have two more to cover the must-see in Copenhagen.

And so it was, the next day, after having breakfast, we decided together that to better know the city, with a small four-year-old, it would be better to rent bicycles at the hotel, since, on top of that, it was not very central. We were already prepared with Salvador's stroller, because in big cities it is usual to walk dozens of miles, and I didn't see the little one being able to endure those distances without complaining and jeopardizing our walk. But it was not necessary. As typically happens a highly civilized city, children and the elderly are always thought of, and some of the hotel's bicycles had a kind of side car but placed in front of the bicycle, which was extremely useful and which made it possible for us to go through the city center, without any direction, without any map. We passed through the same neighborhood at least twice and even passed by the Little Mermaid, without realizing that next to it was the city's most symbolic monument, which forced us to go there in the afternoon with the help of Google maps, finding the genetically modified Little Mermaid in the foreground and only then the genuine Little Mermaid, the most seen monument in the city, but only with the help of the map.

But it was really nice. My children understood at least that we have to have a direction and have an idea of the city. For me it was a rich experience, letting myself be carried away by them, without any idea of where I would be going. There were some monuments that were in the street immediately parallel to the one we were in and others, without even going there, like the Queen's Palace or the

Opera, that we could see in the distance and that I already knew from previous research.

The curious thing, and because I hadn't decided which of the temples I was going to write about, there being three or maybe more, as I hadn't done exhaustive research, my children and husband led us to the location of the Marble Church or Frederick's Church, which I immediately recognized from the outside image, by its huge green dome, of baroque style. We stopped the bikes so we could go inside. What was most fabulous was that at that moment the Queen's Guard was passing by, right in front of the church. The guards accompanying the parade were still upset with Salvador, my youngest son, and me, because I didn't remove him from the front of the parade and he was getting in the way of the guard, like any child, amazed to see a group of little soldiers wearing light blue pants with wide white stripes down the side, dark blue jackets, round silver buttons as neat as they were, white gloves, with a firearm in their left hand, with white ribbon vests crossing in front and holding a wallet and a sword at the back, and with black furry helmets, lined up to march and parade in the street.

For me, at that moment, it was the signal to write about that temple. I went in and didn't feel anything special, which led me to think, *No, this isn't it* ... and once again I got carried away, going against my essence of controlling everything, leading everything, planning everything. I wasn't wrong; the best was booked up for later.

Since we rode the day before and were going to an amusement park downtown the next day, we left the highlights for the last available day in town. It was Easter Sunday, so when we went to rent the bikes, there were none available with a box for Salvador. It was not feasible to walk, as the city, although flat, is quite large, and there was still a lot to see that had not been seen on the first day. I had looked at a paper map and marked the places we had yet to see, where two temples were: a church by the name of Grundtvig's Church and another by the name of Church of Our Savior.

All attempts to rent bicycles failed, as they were either broken or there was none with a box or with the seat in the back for Salvador. We needed three normal ones and one with a box or child seat in the back. But as persistence or stubbornness (whatever you want to call it) is my middle name, and my husband after almost twenty-five years together has also been largely influenced, we insisted with the guy at the reception, who managed to get us the bikes at the hotel next door, but which also belonged to ours; it was like a sibling hotel. And off we went on our way, this time minimally oriented, but with only *must see*.

Copenhagen is a coastal city with some canals and therefore lots of bridges, all of them different. It is a city extremely prepared for the circulation of bicycles, with traffic lights and specific corridors for this means of transportation. The church we wanted to visit was in a residential neighborhood called Christian King (Christianshavn), one of the most picturesque in the city. So we crossed the bridge closer to our hotel and easily reached the Church of Our Savior. On the outside it is beautiful, in the baroque style, with brick-colored walls, typical of the city and very common. We stopped our bikes inside the iron gates and fence. The church has a narrowing spiral tower with four hundred steps, hundred fifty of them on the outside, at the top of which is a golden globe that glows from a great distance, with a figure of Christ measuring thirteen feet, holding a banner. With up to forty-eight bells, the carillon plays its delicate melodies daily over the neighborhood.

As soon as we entered the gates, I felt a very good feeling; there were trees, and the few people who were there seemed very relaxed.

The five of us entered the church, and the feeling was overwhelming. I had never seen a church with so much natural light, with an unparalleled feeling of positive energy. The church has huge windows on both sides, and although the sky was a bit overcast that day, the light inside the church was something unexplainable. With a ceiling height of one hundred and eighteen feet, it had dark brown benches on both sides, with doors, as if they were small rooms, somewhat high, over 1.20m, which could cause some division or separation. But it didn't feel like that; it felt like unity. In front we had a beautiful altar with three brown wooden steps, a room with white wooden pilasters, topped by white statues of the archangels Michael, Gabriel and Uriel in the center with their big wings, flanked by other archangels.

In the center of the altar with a blue background, reminiscent of heaven, was another angel holding Jesus on his lap, with another angel pouring a golden chalice for Jesus. At the top were several baby angels decorating what looked like sunbeams of various sizes. The central figures on the altar show the scene as Jesus prays in the garden of Gethsemane on Holy Thursday evening. His friends and disciples have fallen asleep after a fine meal with good wine while Jesus prays to God: "Let this cup pass from me."

Jesus knows that he will be taken prisoner, tortured, and put to a painful death on a cross. But his human nature seeks to avoid his fate. God answers him in two ways: an angel comes down from heaven carrying the bitter cup. He must fulfill his bitter destiny. But another angel comes from the left to support him—a guardian angel.

A beautiful image that conveys a unique tranquility and beauty.

Because I had not studied anything about this church or the religious practice of the Danes, I was surprised by the absence of statues of saints. There were angels everywhere, and on the left side of the church there was a square composed of balusters made up of angels with crowns, with a baptismal font in the center, which delighted my son Salvador, which means Savior in English, because the angels were his size, made of marble stone with a golden top, as well as their supports also made of stone in marble and golden tones.

As we turned our backs to the altar, i.e., facing the exit, we found a huge pipe organ supported by two white elephants each with a blue mantle, one of the largest organs I have ever seen in my life. The magnificent facade of the organ case on the west wall of the church is one of the most photographed musical instruments in the world. The three-story organ case contains a wonderful instrument built by the Botzen brothers in 1696–98. Such an organ is visually and audibly expressive, with a large and elegant sound, and has survived fires and bombardments.

The feeling we all had was that it was an extremely cozy, quiet space. My sons Vasco and Tomás lodged in the benches in front of their phones and appeared surprisingly calm. Salvador, for his part, lay down on the steps of the altar and lifted his legs, as if he was lying in his bed at home, and smiled, showing fabulous happiness.

We took the opportunity to take many pictures, and we felt at home, with a serenity and peace such as I think I had never felt in any church. Even in the Fátima area, where I go a lot, there is a greater recollection, even with many people; there is a greater silence, where you hear people praying; there is a peace, but somewhat heavy. Here it was light, very relaxed, despite the fact that there were some people inside visiting it.

Suddenly, Salvador said he had to go to the restroom, and I could not see any sign indicating it, so I went to a lady who was talking to a couple. I thought she had something to do with the church, because she had a long black tunic and a white ruff, also used by Luís de Camões (Portuguese poet). She indicated to me that the restroom was at the entrance of the spiral tower, behind another door, different from the door of the church. She also said in perfect English and with a fabulous sympathy, that although the church was huge, it had no restroom inside.

That was the moment to realize that the Easter Sunday mass had really ended at that moment and—the surprise of surprises—that lady was the pastor of the church! Yes, a lady by the name of Marlene Lindsten, who had just finished conducting the Easter Sunday service that we had just missed. I doubt that my children would have been willing to attend the service, and it would have been difficult for me to convince them to do so. In the event, I guess everything worked out as it would have. This is because my experience of taking them in Brooklyn, still only with the older ones, to attend an evangelical mass with gospel music and songs had already served to verify that their tolerance for religious events was low, not to mention that I now had a four-year-old. Still, this last mass in the United States was an animation from beginning to end, a unique experience that I suggest everyone to experience.

To this day it was the church where I felt the best in my whole life, I really felt a sense of wonder and gratitude for having the opportunity to visit such a space.

I was even more interested to know the religion practiced in a church where there were no saints. But it is Christian, of the Lutheran religion, founded by Martin Luther, who taught that salvation comes by the grace of God and by faith in Christ alone and nothing else.

It recognizes the Holy Trinity and believes that Jesus is our Lord and Savior, the gospel being the Word of God. Unlike the Catholic religion, Lutherans have only two sacraments, Holy Communion and Baptism for adult children, while the Catholic has seven sacraments:

baptism, reconciliation, holy communion, confirmation, marriage, holy order, and sacrament of the sick. Lutherans do not recognize the authority of the Pope as their highest authority, and to my surprise, they do not believe in Mary and the intercessions of holy persons, as Catholics do, just as the latter believe in purgatory and Lutherans do not, and it is not necessary to have faith in good deeds, it is only necessary to have faith in God, for salvation to be attained.

Over the years, reconciling the belief of these two religions has failed considerably. However, both can still be in harmony if one learns to respect what the other believes, because to be Christian is to be Christlike, and both have the Christian basis.

It would be impossible to remain indifferent to the fact that the Lutheran church appoints women as pastors, unlike the Catholic church, which only allows men and, moreover, celibates. This religion came to try to "modernize" the Christian religion, and although I am negatively surprised that they do not follow the saints, because for me Our Lady of Fatima or even St. Gonçalo are references for my faith. The fact that they have women pastors, with a family—Marlene is married with two small children and has been in this church for more than fourteen years—is an innovation for me and I see myself immensely in this way of being. I don't think that priests have to be men; it's a sexist and totally outdated tradition—even more so, that they have to be single. This leads to male promiscuity, culminating in a series of cases of abuse within the Catholic Church, as has been in the news in recent years and which Pope Francis has fought against.

I am absolutely no one to dictate rules about religions, but with this discovery, I became even more a fan of Scandinavian culture and the way of being in the life of this people, their innovation; as we say in colloquial language, they are far ahead. For me, having faith is the most important thing, because a person without faith is like a garden without plants, where nothing blooms, where there is no room to believe in a better future, to believe in people, to believe in innovation and the improvement of the human being.

If I didn't have faith, passed on by my mother initially, who despite being sick led me to the Catholic religion, cemented by my maternal grandmother, I would not have been able to overcome so many difficulties in my youth but also already in my adulthood, in believing in better days, that my good deeds can have results for me and for other people. I find it hard to believe in some aspects like purgatory or hell, but I strongly believe that all our actions will have a good or bad result for ourselves, depending on the categorization of it. This belief will be further discussed in other religions that I will study in this book, but basically it boils down to karma or dharma.

I believe that if there was more equity in the various churches, where women can play an important role in passing on the word of God, the world would be better, and there would be less room and propensity for crimes and sexual abuse in the church. Women have a different sensibility. This is not to say that there are no good and sensitive priests; I know some. But why can't they marry, have children, have a normal family life?

One of my first great friends was Angelina (name comes from *angel*; I only discovered this coincidence recently). I met her in Caldelas, Braga municipality, on one of my few trips with my mother, where my mother was going to try to treat herself in a spa. It was a happy coincidence, so as not to spend another day locked in a room without windows. I asked Angelina's parents if I might stay with them during the day while my mother went for treatments. I created such a friendship with them that even now, after more than forty years, and their daughter gone with a terminal illness in the middle of a pandemic, I think about her constantly, as well as their three children, who lost their mother, and I lost my first great friend.

I met her when we were about nine years old. She was a few months younger than me; her birthday was in January, and I was from October (the year before). I said I was always the oldest. She was from Santa Maria da Feira, more precisely from Fiães, and her parents welcomed me almost as another daughter.

I was an expert in adopting parents and grandparents, as almost all my uncles (my father's brothers and their wives/husbands), I adopted from a young age, as well as Kay (Irish), my father's friend, whom I adopted at the age of six and who taught me my first words of English and still considers me the daughter she never had.

Like the employee of my father's store, Maria José, who today is the grandmother of my colleague Adriana (the world turns around a lot) to whom I used to say when I was seven years old and she today recounts, "You should be my mother!"

Whoever I found who gave me affection, I leaned against. Surely human nature is like that.

Going back to Angelina, from the year I met her, every year, her parents would go to the Algarve for a vacation, because of the two of us. We became *best friends for ever* (BFFs), and it was always like that. Even today they go to the Algarve for long seasons, because they bought a house there. Despite the distance, no cell phones and absurd phone bills to our parents because we talked for hours on the landline, not to mention the letters we regularly sent each other (there was pen pal correspondence back then), we confided everything to each other for years, until we were sixteen or seventeen years old.

Then Angelina fell madly in love with Paulo, a seminary student, a priest at the time. Paulo, who ended up being her husband, had to abandon his ecclesiastical studies because it was not compatible with a family. Both were very happy. They had two boys and a girl, one of them three weeks apart from my eldest son Tomás, and she was an inspiration for me to get pregnant with my son Salvador, even at the age of forty-four, because if she could do it, I could do it too. Every year I would see her, at least in the summer, because they would visit the parents of their godson, one of my right cousins and my front neighbor, Sandra, and they would always be connected to our family, even if hundreds of miles away. If Paulo could be a priest and have a family, what would be the problem? He would just be passing on the word of God, as Marlene did in Copenhagen.

Why can't they be women? I believe that some of the people I know reading these paragraphs will be surprised by my way of thinking, but nothing shakes my faith in God. I only wish the best for the world and all the people in it.

All religions for me are valid, as long as justice prevails and their values are good for society. That is, faith without fundamentalism or extremism, because then there will always be a loser, a weaker link, and there will always be someone suffering, which for me is no longer valid in a religion.

Finally the church I visited celebrated the 150th anniversary of the death of Nikolaj Frederik Severin Grundtvig as pastor of Our Savior's Church (1783–1872), and the jubilee of the two hundredth anniversary of his inauguration as pastor in 1822. Although he worked here for only four years, he was the greatest influencer of this church in Copenhagen, even at the level of the Danish Lutheran church. His work was extensive, and he challenged the clergy, influenced the introduction of democracy, and tried to make education accessible for all. He tried to combine Norse-Danish mythology with the Christian worldview and contributed to a great heritage of cultural hymns and songs.

Grundtvig was not only a figure of the past, but a figure in the church, school, and Danish society, with his brilliant view of human nature and his tolerance for modern, far-sighted culture becoming a reference point for me.

of this church's [illegible] level of the Danish Lutheran church [illegible] and he challenged the clergy, influence [illegible] the introduction of [illegible] and [illegible] to make education [illegible] for all [illegible] Norse Danish mythology with the Christian [illegible] and contributed to a great heritage [illegible] hymns and songs.

Grundtvig is not only a figure of the past, but a figure in the church [illegible] and Danish society, with his [illegible] view of human nature [illegible]

5

Hallgrímskirkja, Reykjavik - Iceland

If on the Copenhagen trip I had doubts about the temple I would visit, on this trip I hesitated whether I would ever write about this topic or even about any temple I would visit.

This trip was the eighth trip that two couples of friends, which are also godparents of my firstborn Tomás, were going to make, the seventh having been eight years ago, to Italy.

It was just a leisure trip to get to know a country that aroused a natural curiosity for me, my husband, and Isabel and António, with a company that had everything to go well, as we had already had several experiences with mutual tolerance, similar tastes, and a lot of good humor and fun.

It was António's birthday that week, and we had one more reason to celebrate.

Iceland also another challenge, to go on an adventure in a country where hotels are not abundant, where you can drive miles and miles without seeing a soul. From one moment to the next you go from a lunar landscape, where everything is black (volcanic), to a green landscape where lots of beautiful horses graze. Or on one side we have a glacier and on the other we have the sea with several iceberg stones on the beach. It is a country of immense contrasts and stunning natural beauty.

We only booked the first hotel and then went on to book the next ones overnight, even with a shortage of sleeping spaces, not to mention quality and price.

The goal was to do the Ring Road, a road around the island, not a highway, with only one lane on each side, in four days. I thought it would not be possible, as it was over 1,242 miles. But it was, with António's persistence and Paulo's courage and Isabel's connivance and mine ... I always found it hard to believe ... I had no faith ....

But let's go to the temple. Iceland is not prodigal in churches or temples. Rather, it is a country of natural beauties, many waterfalls, and unique landscapes seen nowhere else in the world.

Here it is daytime for twenty-four hours in June, something that can only be explained by living it. But also, it is night for a large part of the year (November to April), which greatly affects the mental health of Icelanders and others there.

I decided to go with Paulo to the church in Reykjavik, called Hallgrímskirkja, the first afternoon we arrived. As soon as I went to the door of the tallest building in this city, more than 242 feet high, in a triangular shape, as if it were inverted stalactites, inspired by the glacier and the mountains of the country, they did not let me in. They informed me that there was a private ceremony, and to judge by the car stopped at the door, it would be a funeral.

Not wanting to surrender to the answer given and because in Portugal there are no private ceremonies in churches, I tried to ask if I could attend, to which the girl informed me that I could not. Then I thought it was the funeral of someone very important in the city or in the country, to which I was answered that it was for a twenty-year-old boy. My face was bloodless, but I still asked what the cause of death was and was told that it was the most common cause in that country.

I have a twenty-year-old son, and when they answered me that, I didn't feel like writing about any temple or even visiting one in that country. I was terrified; the fear infected me. I think that if you are a mother, one of the greatest fears you can have is to lose a child, for whatever reason. It is unnatural.

I crossed the square and went to my husband, Paulo, and told him, "You won't believe it, there's a funeral happening for a twenty-year-old boy." I didn't even want to talk about it anymore, let alone write.

I am still to find out the cause of death of the boy, but the most frequent cause of death of young people in Iceland is suicide. I believe the Covid-19 pandemic has also contributed to the increase in this rate, through isolation and worsening mental health.

That afternoon we went to see a waterfall called Gullfoss, of a thundering force. We drove a few miles and saw the power of the earth erupting in geysers, where every five minutes we saw the earth spewing hot water several feet high. I had never seen such a thing before as an eruptive spring, a secondary volcanism that exists in very few places on earth and is a reasonably rare phenomenon.

The beauty of nature gave me courage, and I returned to the church to visit it at the end of the day, but with great hesitation, saying, "If it is closed, I will not visit it!" This was almost a wish that it was already closed because it was already past six p.m., and I had an indication that it closed at that time.

But then it was open, and there was no private ceremony going on, so I went in with Paulo. I felt very cold, not because of the temperature of the room. The church is a large nave with two smaller collateral ones. It has a beige carpet in the center, from the door to the altar, a gray cement-like floor demarcated, some benches with light wood structure on the sides and fully cushioned, water green and some beige, making up two wings of benches. On the right side of the entrance there was a circle of candles that we could light, which I immediately did and prayed an Our Father. But I was still cold.

I went to the middle of the church and studied the apse, which was nothing more than a half-moon of windows, as if they were the hatches of a boat, but rectangular vertically, without a single saint or Christian or religious reference. Above these windows there were much larger medieval Gothic windows, fewer in number than those below and following the wall entirely around the church, ending in a dome that interlaced with the walls in a smooth, continuous manner. The whole church was white inside: walls and ceiling.

The altar consisted of a table with a white tablecloth, two white vases with flowers, and four tall candles with their candlesticks. In the center was a small crucifix. Around that table were some normal black office chairs and a larger padded one in the same beige as the church pews.

There were no saints or angels. I felt super unprotected, even though I had my soul mate with me. I felt alone, even though there were a lot of people in the church, because I even had a hard time taking pictures so as not to catch more people.

Above the entrance door was an organ with 5,275 pipes, keyed to match the Gothic shape of the church, all the way up to its ceiling, with several tiers of pipes, giving a certain cheerfulness to the church that is an ode to modernism and a reminder of the Icelandic landscape. The church is named after the seventeenth-century cleric Hallgrímur Pétursson, author of *Hymns of the Passion*. Hallgrímskirkja is an Evangelical-Lutheran church and is one of the most visited places by tourists in Iceland. Every day, thousands of people visit this church.

There was only one corner where I felt more comfortable, under the left side nave, where there was a colorful stained-glass window with the image of our lady with a baby on her lap, supposedly Jesus, immensely colorful and with three faithful with their arms in the air begging her. I don't know if it was the colors or the saint, it was the only place where I felt some comfort.

Even as I left the church, in my unusual silence, I was thinking, *I don't know if I'll write about this; it's really bad*. I was passing judgment.

I still went to other churches, or else they were closed, as was the case of the church of Akureyri, which was closed. On the last day already in Reykjavik, again, I tried to go to the cathedral with the name of the city, a parish church of the bishop of Iceland, with the practice of Christianity, but imagine, when I was trying to enter, once again they did not let me; another private ceremony, this time a wedding.

I didn't want to write about fear, such a negative emotion. I didn't want to talk about pain, but if the universe put me in that situation, it's because it had to be. It still took me a few months to think about whether to write or not.

When I was writing this part of the book, on a plane trip I saw a movie named *Respire fundo* (2021). The title is translated from the original English *Mouthful of Air*. It is about a mother who dies of suicide, even with a weeks-old baby and a two-year-old son. On the same day I was also reading a book by Collen Hoover, called *A New Hope*, which begins with the death by suicide of a seventeen-year-old twin girl. In other words, wherever I turned, with hundreds of movies available on the plane and millions of books to bring, I ended up in one with this theme, without even knowing its topic beforehand. I could have read this part of the book a few days ago, as it was already with me, but I didn't feel like it. Judging by the way it was one thing after another, it had to be; it was the universe telling me, *Face the situation, speak!*

Today I am describing this temple, and it forces me to talk about something that afflicted me when I was about eleven years old, but also in my childhood and youth.

Mental health has never been talked about so much. Even I see that around me there are a lot of people in need of psychological help. I don't know whether it's the result of the pandemic or if it's the result of the various pressures that we have throughout our lives and that are felt more these days. I believe that the isolation to which we were subjected during the pandemic was a primary factor in some cases that I observe. And we all went through the fear of illness and even death.

Suicide unfortunately afflicts many families around the world, and Portugal is no exception. One in six deaths of people between the ages of ten and twenty-nine in Portugal is by suicide. In fact, "It is the leading cause of death among children and young adults in the country," comments Ana Matos Pires, adviser to the National Program for Mental Health, based on 2017 European data from the Institute for Health Metrics and Evaluation.

This is not to say that all suicides stem from mental illness. It may also be behavior as an escape from something that is troubling them, the extreme sadness they feel or the lack of hope that better days will come.

I too thought about suicide several times in my childhood. Anyone who saw me at school would never, ever suspect that I was going through phases of extreme sadness and isolation, without any idea that life could be better for me in the future. In front of everyone I was the most fun and cheerful child there could be, because in those moments I would try to hide what I lived at home and put on a mask that I was a happy child. And I really was, at least in those moments of the day.

Everything changed when I had to go home and face the four walls where I lived, with a mother who suffered from psychosis and saw stalkers everywhere and with a very dear maternal grandmother, who managed the primary care of the house, such as food and hygiene, and gave us the little affection that my brother and I had on a daily basis. My father spent very few hours at home and ended up not noticing much, because he was working or even looking for escapes from the reality we were living, without being able to do much more to overcome it, because he could not run the risk of separating. That would mean my brother and I living exclusively with my mother, by court order, as was customary in the seventies and eighties. He still tried several times to get my mother to accept treatment; he also tried to legally incapacitate her so that she would never be able to take us, but it was all unsuccessful.

Not wanting to go into specific situations, which would not help anyone either, let's just say that it would not be the home that children and young people should be growing up in. In this environment that was not at all peaceful, a lot of not-so-good things happened, which put our physical and mental integrity at stake, daily and continuously, without any light at the end of the tunnel, due to our vulnerability and our dependence on adults. How we could survive all that and have normal behaviors with others, without it leaving very deep marks?

For me at that time, the thought of suicide occurred to me several times, because it was just a way to end the suffering, the sadness I felt—the desire to stop being a burden to my mother, grandmother, and father, to solve once and for all the problems that a child was going through and had little or no power to change.

It was very difficult to go through the days and be ashamed to go out on the street, the neighbors knew a lot of what was going on in my house, because they heard, such was the volume of the discussions. And, of course, they commented, which I sometimes heard in the supermarket or on the street. At school, I was scared to death that my mother would come to me and behave in a way that would embarrass me, which happened several times and even lasted until college, already in Lisbon.

In the extended family, which I often turned to for more peace, some tranquility, some normality, I also sometimes heard comments about my mother and our family situation, which ended up hurting me and making me very sad and sometimes desperate.

At my aunts' house, especially at the house of one where I spent a lot of time near my house, I was always very well received and treated very well. Sometimes I even made all the meals and only went home to sleep, in search of attention and affection, which I received a lot. I also had a cousin in that house who was part of my childhood universe, with whom I shared almost all the games, and today she is my neighbor for whom I have great affection.

I always received a lot of affection from my aunts, even to this day.

Today I believe that I was always adopting mothers in all the mothers around me—in my aunts, in my friends' mothers, and even in my friends, as you will see later in one of the temples and the story behind this journey.

In other words, looking at the situation from a distance today, I believe that the love my grandmothers had for me, as well as my father, the company and attention of my brother, and the affection of all those around me helped me to overcome the fear I felt that my whole life would be condemned to extreme unhappiness, due to everything I have been through since I can remember being a person.

There was also always the fear of having the same problems as my mother, as I heard several times from direct family members, that as a daughter, I would possibly have the same pathologies. Until today that has not materialized. It took many years before I was able to face my mother, but there was a day when I thought: *Either I change my attitude, or I will continue to be a victim of this situation.*

So it was, one day after an extremely delicate situation that happened in my house the night before, my father proposed to my mother that she should go and live in another house we owned, my maternal grandmother staying with us and my father, remaining in that house where we all already lived.

From that day on not everything was resolved, but the atmosphere in the house improved significantly. Still, the fear remained when I was near my mother, without having the need to see her, because I felt her even at a distance.

As I discovered recently, where there is fear, there is no faith, and where there is faith, there is no fear.

There was faith that life could be different and never tried to put in place any action that would harm my life.

But for many years the fear of going through such a situation again and not wanting to continue fighting persisted, because in situations of tremendous sadness or despair, the idea of running away or coping ends up being the first to occur to us.

Today, looking back, I know that everything I have been through has given me a resilience and strength to face all the situations I have been through in my life and will continue to go through.

I also see that the love I was looking for in my "adoptive mothers" and the same love they gave me, often without being aware of it, was essential to deal with my whole story and to be able to be here today to tell it, without any sorrow for everything I went through. I even sometimes give thanks for all of my past, because it gave me the possibility to know a reality that gives me the strength to continue, even in situations of great difficulty, and to never lower my arms in the face of adversity or sadness.

As I had faith and continue to have faith, the universe surrounded me with people who helped me to do many hours of therapy with exceptional professionals, who helped me to find solutions to all the situations I was experiencing.

I was also studying and trying to understand the reason for my mother's behavior, the problems she had. Then almost as if by a miracle, after two strokes (cerebral vascular accidents), which left some ailments, there was a clarity on the part of my mother that gave us the opportunity to approach each other after many years and talk about the past.

Still, months before she passed away at the age of sixty-eight, after a ruptured bowel and sepsis, being hospitalized in intensive care for months, where I visited her regularly, I had the opportunity to talk about everything that had hurt me and to forgive her, which was very soothing.

The universe does whatever it has to do to help us grow. I had a short and painful childhood, but fear only matters if we look inward and move forward, which is what I did.

The popular saying that God writes straight with crooked

lines, makes perfect sense in this situation. It means that, despite everything, God has a plan, and He knows what He is doing. If something bad or unwanted happens, you should not despair; better days will come, and everything has a solution.

In the case of psychological illness, we should always try to seek professional help, just as we seek a dentist when we have a toothache or even for prevention and oral health.

Unfortunately, our mental health is permeable to everything we experience, and we tend to undervalue it due to prejudice or ignorance and because we think we are able to solve everything ourselves.

The pandemic was an event that left us all somewhat affected, some more than others, and for quite different reasons.

Isolation, fear of the future (which causes immense anxiety), fear of illness and even of dying, fear of failing those closest to us, and fear of not being able to fulfill our responsibilities, affected adults, young people, and also children, who were deprived of their freedom and of having a normal life.

I firmly believe that these effects are influencing and will continue to influence us all, and I hope that anyone who feels somewhat unstable and afraid of new things will seek help, because no one has been indifferent to months of isolation. When we go through something that triggers what we have been through, it can generate problematic behaviors and feelings for us and others, which can only be resolved and treated with psychological help from good professionals, without any shame or reservation.

Violence in middle and high schools has increased significantly. Divorces and separations continued during the pandemic and are still rampant. People's aggressiveness in relationships and communication is growing, due to lack of tolerance or empathy. There is a huge permeability, that is, everyone feels attacked and therefore reacts, unable to regulate themselves and unable to see the perspectives of others. Instead, they focus a lot on their own perspective and their truth, forgetting that there may be two or more correct truths and perspectives.

My advice to everyone reading this book: if you are not feeling well, if you have been sad for a long time, if the world is totally against you, if you see no light at the end of the tunnel, everything is bad, everything is black, if you are constantly afraid of the future, please seek help. Make a call. There will be someone who can help you see that the world is rosy after all; it is wonderful, and you can be very happy.

No one is free from experiencing depression or a psychological illness such as chronic anxiety, but we have to face it, we have to look for psychologists, go to therapy, to see why we are in that situation, talk, share, find solutions, heal wounds, find ways.

Often when I talk to people about this subject, they raise the question of the cost of the sessions. In fact, the Portuguese National Health System has few professionals for so much demand, but if we think that a gym costs the value of a session, or even that those who smoke daily spend more than three sessions a month would cost, or that if we do not prevent or solve the situations, we will sooner or later spend a lot of money in the pharmacy on chemicals, what is the best choice, besides that the treatment has a beginning and has an end, moreover being an investment with an incalculable return of satisfaction?

I also hear a lot—"I can handle it myself; I've done it other times." This phrase I doubt. It's like a person who has a cavity saying that he will take care of it alone; that is, he does not care about the situation and tries not to value it, nor to return to the dentist. Sooner or later, that cavity will give him a serious problem in the tooth, which can culminate in developing a much worse problem or even having to lose the tooth, for having delayed treatment.

In the case of mental health, this loss can be the loss of a healthy, balanced, happy life, with pleasant interpersonal relationships, and therefore good physical health. Or even in the last case, losing one's life: out of despair, looking for a quick solution in death by suicide.

Seek help, please. It's in your hands and just a click away. Or reach out to a friend or family member to share how you feel. If you feel you can't, call a helpline. Mental health is more important than any health problem; don't underestimate it. It's the most important thing in your life and it's only up to you. Sharing how you feel will help; don't stop doing it.

This church in Reykjavik brought back the sadness, anguish, and fear that I went through as a young person, but now I look back and see it has given me tools to deal with my less positive emotions;

overcome those moments, knowing that they are just moments of growth and evolution; and help others who may be going through the same. The hope is that they don't feel so disoriented or desperate but consider that it is just a phase, and it will pass with the help of a best friend, a family member, or a professional, someone who can help us.

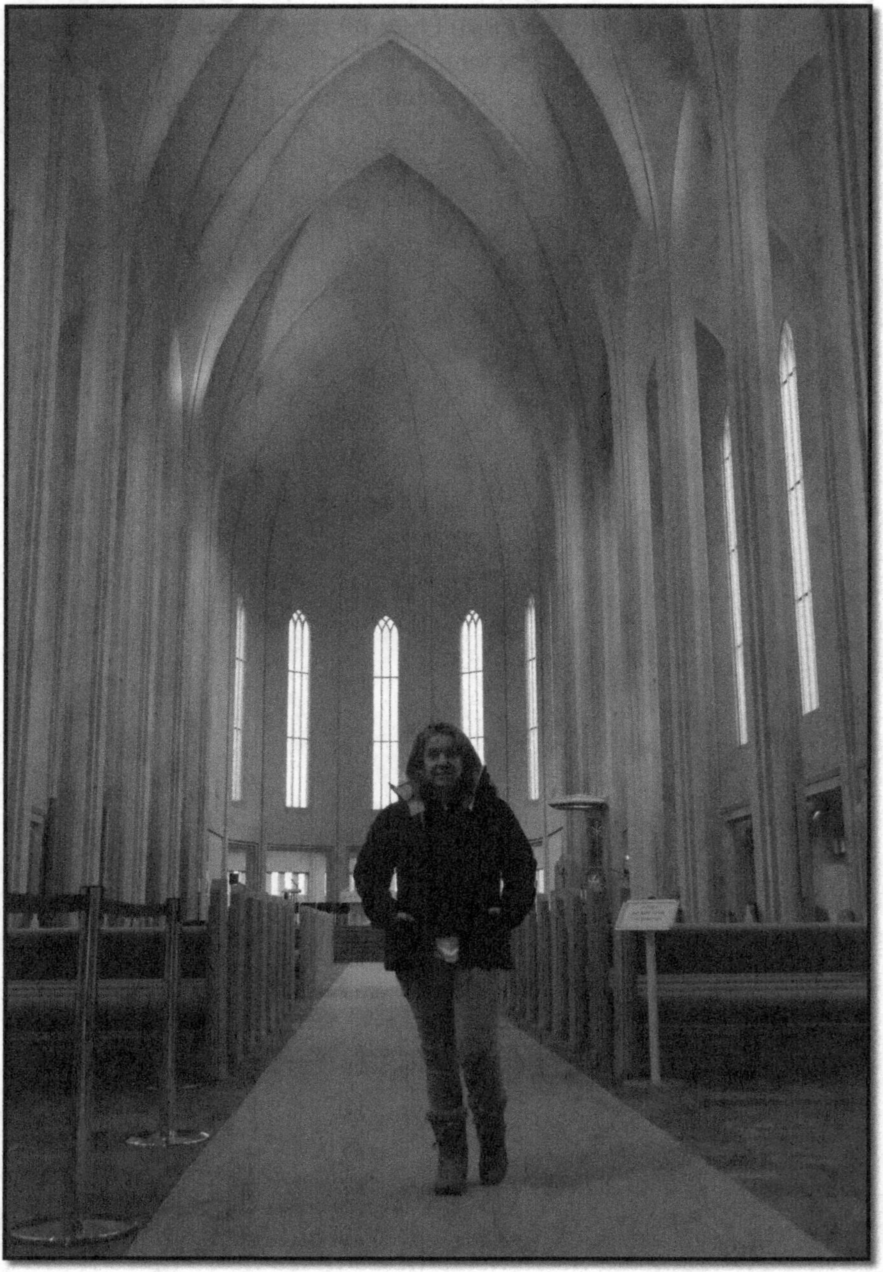

6

Ben Youssef Madrasa, Marrakech - Morocco

Exactly one week before my father passed away, on May 16, 2021, to be exact, I decided to put into words something I had discovered days earlier and I had been looking for an explanation for years.

For a long time, I wondered why all my friends were from Africa. I had never lived there or even been to that continent, but it happened that I was trying to understand some reason that justified this coincidence or not. I even recorded the cities where each one was born, ranging from Huambo, Quelimane, Nampula, and Dundo, to Evander and Maputo, to try to find some converging point or an explanation for it, but I could not find any point that united them or that gave a logic to this situation.

Until two weeks before my father passed away. I decided to go to a yoga retreat promoted by a friend, in Cabeceiras de Basto, which had been scheduled for a few months and had been postponed by the pandemic and ended up being scheduled in early May. I hesitated a lot about going, as it meant being away from home for at least four days, and my father had been living with us since December and was highly dependent on all of us. If I went, I would have to leave my father in the care of his caregivers, of my husband and my brother and I did not feel comfortable doing so. However, two days before leaving, I asked my father if I should go or not. He replied I should go, without any room for doubt, even verbalizing, "Don't worry, I'm not going to die in the next four days." He would wait for my return. He said it with such conviction that I trusted him and went.

It was a heavy month and at the same time an immense pleasure. I was giving my father, a being I had always loved, with all his faults and virtues, the possibility of living in a home that had been my home for six months, in the peace and tranquility of his family, which gave me immense pleasure.

At the same time, I was following the decay of a human being, consumed by the disease that had affected him for more than five years and who had done little or nothing since the time he came to my house, which was of terrible sadness and anguish.

It was a mixture of feelings and emotions, but I always tried to focus on the positive, as I did throughout his illness. At his diagnosis in 2015 he was given six months to live, and he managed to go against everything and everyone and lived almost six years longer.

Despite the pandemic and the fact that there were no gatherings, there were months of almost weekly parties on the occasion of Christmas, New Year's Eve and the various birthdays we were having, as well as Easter. Everything was a reason to celebrate, to celebrate his life and his presence with us.

For all this and with the approval of my father and my husband, who stayed to take care of him, I ended up accepting and went to Cabeceiras de Basto. It meant driving seven hundred kilometers to spend two and a half days in a yoga retreat, in a magnificent place. I was accompanied by my middle son, and it was great, because we talked all the way and left him in Porto with his grandmother and cousins.

The first day was a catharsis of release of all the negative emotions I had experienced in the last days, weeks, and months. That is, I was mourning my father, even though he was still alive, as a psychologist explained to me months later. It was hours of nonstop crying in all circumstances—in yoga positions, in meditation, in rest, in moments of silence—to the point that the other participants came to me to express their concern and solidarity, without understanding at all the reason for such a state of mind.

In fact, on Sunday morning, on the second day, I was as if nothing had happened, as good as new, with an out-of-the-ordinary energy, ready for the next phase.

I had already informed the yoga teacher that I would possibly be leaving first thing in the morning, as I had to pick up my son in Porto and drive to Lagos.

The morning was very positive, with spectacular energy, and at the end of that morning, the teacher asked each of us twelve for *feedback.* I ended up listening to the various *feedbacks*. I had never done a retreat until then; needless to say, I was already a fan. I went alone, on the recommendation of a friend of mine who strongly expressed that I should go without anyone else I knew for the first time, which was remarkable. I believe today that if I had someone I knew with me, I would possibly not get to the solution of the mystery of why my friends were all from Africa, because I would be in conversation or attentive to a thousand and one things, as is typical of my way of being among friends. Which did not happen, because of the environment itself, but also because I was silent since the day before in the evening, as was a requirement of the program. I will confide to you that I thought such silence would be impossible, but it increased my focus and concentration in an exponential way.

To tell you what happened next, I think it's best to go back to the message I sent to my friends exactly one week later that Sunday at 9:00 a.m., written that morning after waking up very early and creating a WhatsApp group that was called Snow White and the Seven Dwarfs that day.

The message:

> Hello my Dear Friends,
>
> As you know, the last few weeks have been bittersweet, not to mention the last few months and even years.
>
> For a long time, there was something that intrigued me. I wondered why all my great friends except one were from Africa. I had never been to Africa, only a brief passage in Cape Verde, and it was as an adult and with my father.
>
> It was something I wondered about, and I even wrote down where you were coming from … to try such an algorithm that would make sense, and nothing ….
>
> This week something happened to fill in the piece of the puzzle and shed some light on this "algorithm."

As you all know, my childhood and youth were devoid of love, affection, attention, and motherly reference.

I had a father and two grandmothers who tried to play this role but obviously did not succeed completely, although they did very well in their missions ....

Last Sunday, May 9, I went to a yoga retreat in Cabeceiras de Basto on the recommendation of Patrícia, the place where my youngest son was made on New Year's Eve 2016, when we thought this matter would be closed. Then a miracle happened!

Last Sunday another one happened: it closed the puzzle!

That day at the end of the retreat, we were doing the closing circle, and I was even about to miss that part because I wanted to leave early for the Algarve. There was a lady with whom I had already empathized during the weekend, and we had already discovered that we both have three boys, the two oldest less than a year apart, and she started telling a story.

I, like everyone else, love stories and was super, hyper, mega attentive. During the weekend I had had more than one episode of catharsis, so I was super sensitive and attentive.

The lady's name is Isaura,[1] and she has been a second line in a large banking institution for twenty-four years in the legal area. As teleworking and the bank's level of demand have been too much, and because all the first lines are men (let's know why), the women needed a prize to try to better manage work, family, pandemic, dinners, clothes, bank results, teams, and the future, among other things. So, she was offered a leadership training at Nova University of Lisbon.

One day a few weeks ago, one of the teachers in a module of the training asked those in attendance,

[1] Fictitious name in order to protect the identity of the person.

twenty-seven women and three men (these three are quite young and will replace those in the first line, but the women in the second line will never get there, regardless of how many trainings they do or how much more professional they are)—the teacher asked them: What would be the similarity between the story of Snow White and the Seven Dwarfs and Bambi?

They all spent many minutes discussing what it could be, reading stories to their children at night, balancing work and family, *and so on*. She, based on her life experience, gave a completely unexpected answer, and replied that for her both stories had something in common. Neither Snow White nor Bambi had a mother, and they managed to be happy and successful in their lives. The dwarfs had helped a lot; not only the prince was the hero in these stories. The lesson was that you need a lot of resilience in this life and that companies right now are looking for people who have it and who can fall and get up to take the companies forward. Sometimes it is very difficult, but for the good of the teams, the companies, and the people themselves, we all need someone to hold our hand and say, "Come on, I will help," even when that someone also needs help but just then is stronger and has that resilience.

As you can imagine, when I heard that, all my chips fell out—another catharsis—but I managed to pull myself together, and it was light!

As you all know, I didn't have a very nice childhood or youth. I didn't see many stories, nor did I see many children's movies, so I don't know the stories, despite having hundreds of storybooks in my school. I slightly knew the one about Snow White, but I would never remember that she didn't have a mother, and the one about Bambi even less. Yesterday I had the opportunity to watch excerpts from that movie with my father and my son, one on each side, and everything became even clearer. This Mr. Walt Disney was really very special: he left messages for everyone and continues to do good for everyone, even when he is not here.

My father was the prince in my life, and he is leaving, and you who are in this group were my seven dwarfs, my flowers, and all the forest animals who guided me and helped me to be the person I am today. For I too had no mother....

But my prince didn't want to leave without me finding this out, and finally this week, I did!

But there was still one piece missing: why Africa? You were all born there, and I have never been to Africa except for a vacation to Cape Verde with my father about seven years ago—my only vacation with him in my entire life. Yesterday I was talking about this with someone, and the idea came: Mother Africa, the cradle of humanity, because according to anthropologists the human species was born on this continent, and this land was the mother of the world and of all culture.

In May 2021, the month of Mary, almost turning fifty, I realized that everything in my life makes sense. My mother gave birth to me and left me to grow up with my father and grandmothers, where I did not lack food, water, or education and had some affection and love, but it was never enough for me to be tough, tough enough to face the hardships of my life and to overcome them all. Then there were some dwarfs, flowers, and animals represented by you and by many other people who cross my path. I end up not caring much at the time, but they have been teaching me a lot of what I know and am.

You were crucial in my life, right from the beginning, Marta, Xanda, and Sílvia, and you have never stopped being so until today in many ways. Then came Tânia, João, and Isabel, who taught me a lot of things that I didn't have the opportunity to have when I was a child. Things like knowing how to be, how to behave socially, how to give and receive love, how to listen, and how to speak—small details of life that a mother teaches and that you have always taught me, certainly without knowing it too. But you taught me! And I learned and I am very grateful to you for having given me your lap, for having guided me for the good, for having helped me, hugged me, loved me, and listened to me when I needed it most, for having helped me to be the person I am today.

You were seven mothers for me. One is missing here, and she appeared later in my life, but also with a purpose. That is Monica, who is still there with me every day, who helps me in everything.

Patrícia wasn't born in Africa and she was the last piece that I couldn't fit—but she was the one who led me to find the last piece of the puzzle. She was the one who insisted that I go to the retreat in Cabeceiras de Basto alone, because she had known the yoga teacher since childhood. She knew Isaura because she had done a retreat with her last January, and against everything and everyone, I managed to go, because I had to go, to be able to see the whole movie, to see the puzzle put together, and today I can understand everything.

I didn't have a very present mother, but I had a prince and seven dwarfs who guided me all my life!

And they are still driving!—with the great advantage that you are my age and can accompany me all my life, God willing!

I am immensely grateful to you. I think you did a good job. You passed on to me the best you have, the best your parents taught you, each in your own way, each the best you knew, even without realizing it.

I hope I have reciprocated and never let you down. I have always had the best intentions and never intended to hurt you. If I ever did, I apologize in advance.

I believe that at this moment you are as surprised as I was eight days ago, and I have been trying for days to put everything together, to understand, but surely my father and mother wanted this to be clear in my head before my father left, so that I would not feel so lost, to feel that you are here and that you can continue to help me, each in your own way—as it has always been, since I was thirteen or fourteen years old, and I still keep in touch with all of you today.

As you know, these days have been very difficult for me, but now knowing this you can be sure that I feel even stronger and even more accompanied.

I don't want to put any responsibility, weight, or duty on you; none of that. You have played your part, and I think I have fulfilled the purpose.

Today I know that I am a different person, and in the last few days I have been making a series of decisions that will have some impact on my life.

All good things, implies culture, knowledge, receiving and giving love, enjoying life more, working less and being more with my loved ones. Life is very short and passes very quickly. We are almost all fifty years old—except little Monica, but she is also on her way there.

This is what I want to end with: In the next few days, we have to organize a trip, more than a weekend, all together, the nine of us, and relive our things, have fun, play, and have a good time together, so I created this group, and from now on we will organize that trip around here.

It's going to be my way of thanking you for everything you've done for me until today, without you probably knowing it, but realize how important it was for the person I am today.

I am very grateful to you, and I will always try to honor you with my conduct and my way of being and never disappoint you as a friend.

> I will definitely be off for a bit in the next few days, and I know you will give me space to get back on my feet.
>
> We will have plenty of time, God willing, to laugh, to have fun, and to understand even better this movie that life has taken care of recording and where we were the characters.
>
> Thank you very much, and see you soon! A kiss from the one who thanks you and loves you very much, each in their own way, as with our children.
>
> Thank you!

This was the message I sent to my friends the Sunday after the retreat, the Sunday before my father passed away.

The reactions were the most diverse, and of course I took them by surprise, as I had also been taken by surprise. But it was magnificent and still is today.

After a few days the group started to call itself *Terra Mãe* (Mother Earth), and gradually they got to know each other, as there was one who did not know any of the others. In fact, two of the girls who didn't know each other ended up discovering two years later that they were born in the same town and that their parents knew each other very well.

The constraints of the pandemic were being lifted, and in February 2021, I decided to launch the challenge of organizing a trip all together. In the meantime, there were two more friends of mine who had been a strong influence on me, already as an adult. One had inspired me to create the school, and the other had a way of being calm, well with life and super relaxed; she ends up being a reference for me. I invited them both to the group, although they were not born in Africa.

After many hours and many days of discussion about the destination and dates to make the trip, we ended up deciding to go on a long weekend to Morocco, a destination that two already knew. We all thought it would be great for the cultural difference, for proximity to Portugal, and for the climate that pleased us all—and of course, crucially, for being in Africa.

We booked eight months in advance, always in the expectation that some of them would not be able to go for some reason, but that never happened. Only two did not go for personal and professional reasons, but we did not book for them right away.

When I started to think about which temple to visit in Marrakech with them, I came across a problem. No one who is not Muslim may visit any mosque, limiting our options.

I still tried to find out from the Riad where we were going to stay if there was any way around this situation, but I soon realized that in Morocco everything is a little different.

So I decided to let the universe guide me, and depending on what happened on the trip, I would soon decide whether or not to write about a temple.

This city has a series of contrasts, and at every corner we saw situations and ways of being completely different from those in a European city. These were surprising and sometimes frightening, so different were they.

In Marrakech poor hygiene and poverty reign. Women play a secondary role, and the Islamic religion places several limitations on women. For them to work outside the home, they must have the permission of their husbands. The husbands, in turn, can practice polygyny, marrying up to four women, and it is not necessary for them to be Muslim. However, a woman can only marry a man, and he must be a Muslim, among other limitations and constraints that undermine and take away power and autonomy from Islamic women.

These are aspects that, in a Western country in the twenty-first century, are controversial and make us somewhat angry at the difference in gender treatment, even more so being a woman.

On the first day we saw the charismatic building of the Lark Mosque, which can be seen all over the city and is located at one end of the medina. From where you can hear chants of the Koran several times a day from the sound speaker in its colossal minaret. However, this mosque was not visitable, so it was out of the question.

Our walk continued, unprogrammed, letting the group decide where to go. Although it is normally my practice to lead, I had already decided before that this time I would not do it. I would follow the decisions of the group and the will of each one of them, without any need to impose my will. We only had the dinners scheduled, to be sure that we would have a meal a day, without major problems, being one in the desert.

On that sunny and warm morning, after a good breakfast on the roof of our Riad, we decided to head for the souks, inside the medina. After getting lost several times, we managed to reach Jemaa el-Fnaa square, where some of us had already been the day before. Men and women sat on the floor or on benches playing to "enchant" snakes with flutes. There were dozens of monkeys in cages with whom we could take pictures, all under beach hats with advertised names, as well as several fruit trailers arranged where we could buy natural juices with the mixture of several of these fruits. On our way there, we had passed by spaces and more commercial spaces all together, with everything imaginable for sale: for instance, from the same space of less than fifty-four square feet, live chickens and pieces of chicken cut in the open or fish not being kept in ice or cold; the average temperature was eighty degrees Fahrenheit. There were also herbs of the most varied colors and smells, brilliantly organized and arranged, carpets, shoes, counterfeit wallets and bags, lamps, leather decorative pieces, brass, and fabrics of various colors and patterns as well as many traditional clothes of the country. For this culture, all this is normal.

It is also completely usual to circulate in both directions in the street corridor with a maximum width of six and a half feet, from donkeys, mules, motorcycles, motorized tricycles, piled wheelbarrows, and bicycles with trailers full of loads of food, drinks, or objects, some of them large and always at a speed that, for the size of the street, was surreal. For us, it was something inexplicable. Many times we were almost run over or we dodged each other, even on the edge of something happening.

Several times I looked at them in a delicious way and thought how come we are here, nine women, wandering around this city completely different from what we are used to, with dozens of men eyeing us with a suspicious look, with dresses down to our feet, hats, sunglasses, headscarves, or bare heads, with little skin in sight, like *Sex in the City*, and so often lost, despite sometimes walking with the Google map on the phone.

We were heading towards the Ben Youssef Madrasa, with the help of Isabel's indications. She had turned on the map on her phone.

As we walked along several different paths, we began to pass initially through a wider street than usual with less male traffic than earlier that day and the previous one. We soon realized that a moment of worship was about to begin, as these men, dressed in dark clothes or tunics of a single color or with a unique pattern, with dark caps or with kufis, brimless caps, began to lay out their colorful rugs, mostly with fringes, removed their footwear, mostly black flip-flops, typical of swimming for us westerners, placed them next to the mat. Then they sat hugging their legs or on their knees, bare feet crossed under their bottoms in a praying position, next to each other down the street. Everywhere we heard a male voice echoing in a speaker proclaiming something that made no sense to us, because we did not understand the content, but from the intonation, we thought it would be one of the five prayers that Muslims have to do every day, called Salat, and this was starting to happen at that moment.

On we went through the increasingly narrow paths, sometimes less than a meter wide, with the sound of prayer echoing and dozens of men walking to the prayer mosque, where dozens more were praying.

Suddenly we began to see children running through those streets and men behind them, without realizing what the reason could be. As we walked toward the madrasa, however, we began to consider that possibly this was not the right way and that we would be lost again. This feeling grew as the width of the streets shrank. Sometimes only one of us could fit, and we followed in single file through that maze. We came across an alley (very common within the Medina) and were confronted by being lost again. We would have to go back to the place where all the men were doing their prayers, and we would be invading their space. This made me most uncomfortable, fearing what might happen to us if any of them felt that we were disrespecting their religion or culture. But there was no other choice; we really had to go back and pass them all again in the middle of their prayers. They were still kneeling on the ground, and we nine women walked in a line next to them, silent, not even looking at anyone so as not to disturb them—if our presence was not already disturbing enough their judgment and their culture.

We realized that the male children were running because they didn't want to go to pray, and the men were running after them to take them in. Some of them succeeded, and for a moment I thought we were going to be robbed because they were running past us as if their lives depended on it.

We had to walk back past all those men praying where their mats took up two thirds of the floor, two men side by side and the other third was for us to pass, and it seemed like the path would never end.

I remember that I almost couldn't breathe for such an embarrassing and terrifying feeling, for fear that they would think we were disrespecting them. After hearing so many times that Muslims don't respect women, I feared even more for our lives and our safety. I only started to breathe when the street widened and we had passed the space where they were praying.

Isabel approached and confronted me that we had only gone to that street which led us to be lost again and to the place of worship because I had refused to go to the previous left turn street out of fear. It surprised me, but I hadn't even heard her suggest we turn left before. Later, I realized that we had to go through that moment and be thankful that everything went well. It was another extremely remarkable experience on this trip. I felt that we were protected by a greater force, because that whole moment could have gone wrong in many ways, but it went well.

We went back to the street on the left and realized that the madrasa would be close because of its signage, when we came across another unusual event, this time almost in front of the door of the Madrasa Ben Youssef. Several men were walking in an organized row, and in the middle, four were holding a wooden stretcher with a body lying on top, covered with sheets. We understood that it was a funeral, again something unexpected, and after some research on the internet, we understood that in the funerals of men, only men are present, and no coffin is used but only cloths called Kafan, and the body is placed directly in the ground. As we were going in the opposite direction of the funeral, we went as if we were rowing against the tide, again in the middle of dozens of men, but without screaming or crying, something more common in western Europe.

At that point I was already wondering what kind of school we were about to visit, because with all the adventures we were going through, it seemed that either we shouldn't visit it, or I shouldn't report on it in my book.

There we were able to enter the school that Sultan Essaadi Abdullah Al Ghalib had just built in 1565 with an area of 1,680 square meters, in the neighborhood of Ben Youssef, near the mosque of the same name.

For over four centuries, the madrasa has been home to students in a wide range of sciences from all over the world. Its architecture reflects the splendor of Es Saadi art and is considered an extraordinary piece of architectural art. It consists of a courtyard with a rectangular pool at its center, with the prayer hall next to it and surrounded by 132 rooms spread over two floors, many of them without natural light or any windows—only a dark brown wooden door with black fittings and a wicket that only opens from the outside. Some windows had turned iron bars, when in contact with the outside or natural light, with wooden shutters on the inside. This school received nine hundred students and was closed in 1960; having been restored in 2020, it is open to tourist visits.

After all the situations we had been through until we reached the madrasa, I concluded that this was the temple I had to write about, without any room for doubt. Still, it is not a temple but a place where thousands of students have learned the Qur'an, Islam's holy book, also called the Koran, which expresses a message transmitted aloud to the Prophet Muhammad. The oral revelation was only put into book form fifty years after his death. The original preaching emphasizes the end of the earthly world; the damnation of sinners, especially the rich; and the eternal happiness of the righteous. The second part of the preaching, in Mecca, focuses on a necessary religious unity against polytheism, which consists of the belief in and subsequent worship of more than one deity.

It is not formally a poem, but a rhymed prose. The authenticity of the text was underscored by prohibiting the use of translations into a language other than Arabic; the use of translated texts constituted a violation. Today there is greater openness, facilitating access to the holy book for those who do not know Arabic. It advocates a pure monotheism based on the figure of Allah, the word for God in Arabic.

As it was undoubtedly a place of worship and prayer at the highest level, as it was an Islamic school where prayer was the daily practice, and as I had also set up a school, it became clear that this was the one I should describe.

As soon as we entered, we came to the main courtyard, flanked by two levels of arched galleries. The galleries are decorated with colorful tiles with beautiful geometric patterns and carved stucco, and lead to the various classrooms and prayer rooms.

In the main courtyard there was a huge Arabic style door to the prayer room, where we took a photo to record in this book. This courtyard was a place of relative silence and peace. I even found several white feathers on the ground; one particular white feather even fell right in front of me. Some say that the presence of white feathers means that angels are with us. Márcia and Isabel decided to sit on the floor in a meditation position, which denoted the serenity that was felt in that place. The curious thing is that we saw several brown birds, like sparrows, small, but the feathers we found were all white. One of them even flew into Monica's hand.

However, every time I entered the rooms where the young students would have been in the past, the feeling was one of enormous pressure, sometimes even chills from the sense of oppression.

The hall-like entrances to the rooms, many with flower-shaped stone basins, were all beautiful, and as they had been restored, they were clean and denoted care. The walls were all white, and the decorated stucco, carefully restored and perfect. The very small brown varnished doors had hardware in black and horizontal locks also in black. The whole building had small doors. I am just under five feet tall, and all the doors were just a little taller than me or my friends.

I reflected that here were children without natural light, imprisoned, with the obligation to study the Koran, oppressed, away from their parents and family, whether by their will or not. The emotions I felt were fear, anger, disappointment, and sadness—possibly what many of the children felt living in that place.

What kind of adults did these children become, who experienced this reality? What kind of fathers have they been, what kind of men have they been for their society? We don't know for sure. Some became resilient and patient, others suffering and angry, others fundamentalists and believers, and possibly others warriors and rebels.

As a school principal, all that was going through my mind in that place was that one of the only feelings not proper in a school is oppression, but rather the fun of learning. That curiosity is a virtue to always know more and more. The world needs studious, creative people who enhance the development of a better world, healthier at all levels, more beautiful to live in, where we enjoy and take pleasure in raising children and activities that make us happy. But above all, schools must prepare us to live experiences that enrich us as people and as human beings, passing this knowledge from generation to generation, in a fun and very cheerful way.

Nothing I felt in the various rooms of the madrasa was compatible with this feeling that I advocate for a school. However, on the way out, there was a ritual that Monica and I made sure to follow, which was to wash our hands in a fountain.

The washing of hands at this time, in addition to the current practice that was advocated in the pandemic and a rule of hygiene for people to prevent diseases, also brought to mind the expression of "washing hands like Pontius Pilate," which means escaping the responsibility to make difficult decisions. When Jesus was crucified, Pontius exempted himself from responsibility, saying, "I am innocent of this blood; I wash my hands."

Those who passed through that school could never exempt themselves from the responsibility of educating human beings. They carried the job of inflicting others from generation to generation with childhood traumas, with little love, with very negative feelings in their essence. These must certainly have been overcome by some, but nevertheless were repeated by others in the following generations. The process always sent on with the overall notion that they were doing the best for their followers, in view of their beliefs and their values.

For me, being a believer is something important. We must always believe in something. It is a way of nurturing the hope that the future can always be better, as well as that there is a higher force, that everything we go through has a reason to be for our development and to do justice to our growth process, as a person and soul.

I firmly believe that if you are a believer, your life is better and more enjoyable. After all, if I hadn't believed as a little girl that my future would be better than my childhood, I wouldn't have arrived here, and I wouldn't have been able to provide this journey to my friends, to my adoptive mothers.

Of the children who passed through that madrasa, some may have believed in the faith that they could be better, and some may not. It all may have depended on the way they were taught and the external context in which they grew up.

Much is said today about teaching that has not evolved and is practiced as it was fifty years ago, becoming boring, impractical, and sometimes inappropriate for today, teaching children everything as it was taught in the last century, always in the same way.

If everything has evolved, even writing has evolved, the world has evolved, and education must also follow this evolution.

Almost all my friends lived with me at school, starting with Sílvia, who was in my class in primary and secondary school. João, Tânia, and Isabel accompanied me in my university studies. They lived with a student who loved everything that was practical but rejected everything that was prancing and debating, even if it was part of the syllabus, with minimal practicality.

It is curious that this student became a trainer and teacher, initially in basic education and then in university education. Sometimes, contrary to the directors, she made classes almost always practical and fun, with activities and projects where learning was through discovery and action. Even teaching sociology, human resources management, or organizational behavior, it is possible to make teaching fun and interesting for learning.

Does it make more work for the teacher? Possibly it will, but it has a much greater impact on the student than traditional teaching, in which the student has a passive part. Many still argue that certain disciplines are not amenable to training by action, but in my simple opinion, everything is amenable to this methodology. It may need more time for its passage, but the effects are clearly superior, and above all the student has fun—and grasps the concept forever and is able to put it into practice, when necessary, regardless of their state or life cycle.

It was also funny that when we left the madrasa, I noticed that all my friends were sitting on a bench right in front of the door and looking to their left, i.e., to my right. I couldn't understand why, but they were laughing and kept their eyes on a handsome guy with a hat on a funny-looking scooter.

My head was still confused, because the sensations and thoughts were not very good. But at the same time I saw my friends taking very nice pictures all over that temple. I also got some records to remember later, of an apparently very beautiful and very well-preserved place of Islamic culture.

I went to them to understand what was going on to make them laugh so much and found out that they were watching a boy recording a video. He had long hair, gathered in a ponytail, and wore a strappy sweater and white pants, with an open bottle green shirt and a beige safari hat. You could see a body well worked in the gym. So I went to him to ask him what he was doing, with a nerve that is particular to me. He explained to me that he was an influencer and that he was recording a video for his Instagram. So I asked him for his name on that platform to follow him, and he was very nice to give me the same—davidbodasvb. Finally we took a picture together, and he explained that he was Spanish.

The curious thing was to leave a space like the madrasa, where oppression was the strongest and most dominant feeling of such an old activity, and to arrive on the street where animation was the watchword and such a recent profession as *influencer* was happening outside.

How in minutes we can change our emotions and our feelings, depending only on external factors and the people around us—and, of course, on our predisposition and availability.

We continued there for a few more days, having fun together, celebrating life, our friendship and our love. It was a long weekend that felt great, with lots of excitement, fun, laughter, adventures, some fears, and a fantastic opportunity to be together, without responsibilities of work, home, children, or husbands, in a new place for most and much desired by some, completely out of our comfort zone.

I have hope and faith that there will be more of these trips with our Mother Earth group.

7

Hagia Sophia, Istanbul - Turkey

Ayasofya, or Hagia Sophia, meaning Sacred Wisdom, is a temple built in 537, initially built to be the cathedral of Constantinople, now the city of Istanbul, Turkey.

It is an imposing and surprisingly up-to-date building. It was the largest cathedral in the world for almost a thousand years until the cathedral in Seville, Spain, came along in 1520.

One of the curiosities of the name of this temple is that we understand that its name is a tribute to Saint Sophia. However, *Sophia* is the phonetic transliteration in Latin of the Greek word for wisdom, and the full name of the temple in Greek is Church of the Holy Wisdom of God.

This building is the third on the same site; the previous two were destroyed in civil revolutions and natural disasters. It is famous for its huge dome, with its highest point 182 feet above the ground. Several semi-domes of the same diameter as the main one, supported on about forty arched windows, are considered an epitome of Byzantine architecture and a great engineering feat. The last one was built as a basilica, larger and much more majestic than the previous ones and inaugurated on December 27, AD 537.

For my part, I had great expectations about it, because a friend, Francisca, who had visited it during her Erasmus program, had mentioned that she had been very impressed by its sumptuousness. In other words, I had created great expectations, which is completely wrong but difficult to avoid.

In studying this temple, I was confronted with the fact that this space of worship had already gone from being a Roman Catholic church to a mosque in 1453, in an attempt to convert the city to Islam until 1935. It had also previously passed as an Orthodox Church and as a Secular Museum from 1935 to 2020, after which it became a mosque again, with its four minarets, typical of a temple of Islam.

It's extraordinary how the times have changed in terms of religion in a Middle Eastern country 8.5 times the size of Portugal, which divides Europe and Asia with its narrow Bosporus linking the Black Sea and the Sea of Marmara.

Once again on a trip to celebrate my birthday, this time my fifty-first, my husband Paulo and I decided to make a strategic stop in this country to visit this temple and the city, about which I was a little curious.

Marrakesh had been a learning experience and a first step toward visiting a country of so many contrasts, again, but not as intense as the first.

The city is a mix of West and East, with men dressed in dark robes and turbans, and women able to show only their face and hands, alongside men and women dressed in a Western way. There are always very many tourists in the city, leading to the various skin tones that can be seen on the streets. In addition, it is a unique world center for plastic surgery at the level of the nose and hair transplants.

In terms of odors and hygiene, once again, we immersed ourselves in a culture where these aspects are not well taken care of, compared to the West and Central Europe, but much better than Morocco.

The most significant thing was the number of stores or the ground floors of several buildings where, inside the support pillars, it seemed as if a bomb had exploded there in the past hour and that the debris had not been cleaned up. In other words, there is no cleaning of demolitions or vacant stores, nor containers to hold the rubble. War and mass destruction seem to live directly with these buildings, which from the first floor onwards were innovative, modern, and, for example, mirrored.

It is a city with a huge population, with more than fifteen million inhabitants, apart from the tourists who that week were in the thousands, with an average of five million tourists a year.

The shopping spaces range from the biggest Western brand

stores of the world's leading designers to endless streets or avenues of local stores with every kind of merchandise that the reader can imagine.

In the center of the city there is a Grand Bazaar. It was a real adventure to get there, due to the crowds of people and extremely tight corridors surrounded by commercial tents. Here again, everything was for sale, from wedding dresses to pots, shoes, and food, along with every sort of counterfeit, from wallets to scarves.

It is a city of contrasts, on the one hand evolved as plastic surgeries, on the other, with lots of people dressed in Muslim robes and covered from head to toe.

We decided to go to our temple, the Hagia Sophia mosque, on a Sunday lunchtime. Let's say it was certainly not the best day or moment, because when we got there, we met a serpentine queue that went around the square in front of the door, continued on the street next to the garden that leads to the Blue Mosque, which is right opposite the Sultan Ahmet Park, and still went around. We hesitated whether to wait there for that long, but we didn't have much of a chance, because we were only there for that whole day, so we held the line.

It was more than ninety minutes in line, with many annoyances in between, as many people infiltrated the queue. Young people from a Turkish school, with their teachers, entered and left the queue, and everyone complained and spoke very loudly, in a language I did not understand, but I realized that they were very agitated and angry.

To give you an idea, I remember three distinguished-looking ladies, apparently Westerners, very well dressed and wearing sunglasses, who arrived at the queue. We were about halfway through, but they managed to break the queue. We saw them leaving the mosque when we were still about to enter. It was a long wait in the sun during the hottest time of day.

During this time, it was very interesting, because similar to Marrakech, the speakers in the mosques are facing outwards, and there are prayers recited by men for some time. As the Sophia and Blue mosques are at a distance of 147 feet, and we were in the middle, we could hear their alternating prayers, and sometimes both at the same time, which was a huge noise pollution as we did not understand a single word, but it was still interesting as it must be a daily thing.

While I was in line, an orange butterfly flew over my head, reminding me of the temple of Mexico in Tulum. Then, just before we entered, two more butterflies appeared. One of them was orange, as was the one in the Temple of Paintings in Cobá. I went to check what it could mean to see orange butterflies, and among many explanations, I came up with one that I found wonderful for my situation: "The meaning of the orange butterfly is associated with passion, care and transformation. Many cultures associate the orange butterfly with the sun, fire, and life itself. Therefore, they are symbols of good luck and that past wounds will finally be transmuted." - https://sonhoastral.com/articles/2208

To enter, I had to cover my head, and we both had to take off our shoes. For the first time, I saw a wing for women and another wing for men to put their shoes. In Dubai I had already seen prayer places specifically for men and others for women, even at the airport, in shopping malls or at the Abu Dhabi Racetrack, but here it was a new matter: a single prayer place, but with the separation of shoes.

As I was taking off my shoes, a Western gentleman turned to me, completely bewildered, to ask in English if only women were allowed in that place. I replied no; he would just have to take his shoes off and put them on the other wall, and he could get in.

My feeling in that mosque was of total segregation and discrimination. I think I had never felt something so strong until then.

I've never been a feminist woman. I even consider that I was a tomboy as a child. I grew up with men—a father, a brother, and brother's friends. I did everything that boys did. I rode a motorcycle, I started driving cars very young, I went water skiing, and I rode a water bike. I tried everything that boys did.

In that temple I was saddened to see a place of worship for men on the main altar, restricted and fenced off for men only, as I tried to enter and was not allowed. On one side of the interior of the mosque, there was a rectangle, like a house, with large windows from top to bottom and a ceiling, without glass, where women were kneeling with their heads on the floor, praying. It was like a cage for women. I entered this "house" and felt a submission, almost like humiliation. These women had a sad look, worn out by time, with scarves on their heads like my grandmother used to wear forty years ago. They were not bothered by my presence, but they never smiled when I looked at them with a smile.

Outside this "house" I felt a peace and immense comfort. The whole mosque has a very beautiful turquoise carpet and has a large central hanging lamp, but very low with yellow bulbs. Several smaller lamps in a circular shape, like clover, are scattered throughout the mosque. It's an environment that invites reflection, quite simple despite the ostentatious location and the power it imbues.

This mosque retains its contrasts. It was once a church, a place of prayer, but now there is a marginalization of women. This theme led me to investigate the role of women in Islam.

In terms of history, women have never been treated equally to men in Islam, as well as in Christianity. Rulers and scholars imposed a system of inequality, which they justified by their interpretations of the Qur'an and the traditions of Allah. In the seventh century, women were considered property, and there was no limit to polygyny: a man could marry several women, but a woman could have only one relationship. The Qur'an did bring some limitations whereby a woman could choose her own partner to marry. Still, it ruled that a man could have up to four wives if he could support them and treat them equally.

For women, marriage to more than one man is forbidden, and the man must be a Muslim, although a man can marry a non-Muslim.

Restrictions apply to women being allowed to work: the husband has to give permission. In the case of the United Arab Emirates, women are not allowed to drive, for example, and cannot remove their headscarves.

In short, and according to the Qur'an, a woman is required to obey, in the sense that she complies with the wishes and whims of the man, and if she does not, physical violence is permitted.

Today, in the twenty-first century, for a Westerner, this question is completely ridiculous, but I don't have to go back very far to remember that my father used to say that before April 25, 1974, in Portugal, a woman had to have her husband's permission to get a driving license, that is, forty-nine years ago. If she was not married, she did not even have that right. I also remember that, when I was little, my father and many men discriminated against a woman when she was divorced. They would call her a divorcee with disbelief, and she would feel ashamed when she wore her identity card, formerly a citizen's card, which showed her marital status, something that didn't bother any man.

As an educated Western woman, I find this diminishment of women inconceivable and wonder how this is possible nowadays.

More than twenty-five years ago, at the conclusion of my master's degree in human resource management in the United Kingdom, I developed a thesis on the topic *What Prevents Women Getting to the Top.* My goal was to try to understand why so few reached top places, a place that I hoped to reach. I intended to conclude what I had to do, or not do, to have the longed-for position.

I came to several conclusions: one was that men discriminated against women because they missed a lot when they were mothers, and many of them abandoned their professions when they embraced motherhood. Also, the women who reached the top were worse for other women because many of them had given up motherhood in favor of their profession, money, and power. They were what I call "little bitches." Even in 2023, as I am writing, less than 30 percent of top positions in Portugal are held by women, and we are much better qualified.

I decided one thing then: I wanted to be a mother, and I wanted to get to the top. And I did. At twenty-nine, I was the human resources director of a large company and an administrator, but I was not yet a mother.

At thirty-one I became a mother. I didn't miss a day of my pregnancy, and I didn't take a sick day. I took two months of maternity leave but continued working at home during that period. Then my son stayed with his paternal grandmother for a month, and at three months he went to day care.

It was difficult to reconcile, as any mother who has gone through the puerperium will tell you. Many nights in a row I slept very little, with many interruptions for feeding and changing diapers. Then, everything seemed to be under control, it all would start again, without my realizing that about three hours of routine had passed, twenty-four hours over twenty-four. Now add to this routine reading and answering emails, typing and feeding at the same time, receiving the company driver with the papers at a certain hour, signing everything and returning it at the agreed time. The baby had no hours; no did we, answering calls during the day with problems to solve, after nights with at most a few hours of rest, interrupted with milk and diapers.

It was difficult to reconcile, there is no doubt. After two months, all I wanted was to go back to work, because a routine of milk and diapers, no matter how much in love I was with my beautiful son, was too reductive for my personality. I felt dumb and incapable, with a poor memory. I invested fifteen hundred percent of my energy, to have a result of about five hundred percent, at best, in my simple opinion. This had already begun during pregnancy but worsened significantly on maternity leave.

I would drag myself to the supermarket to get out of the house for a few minutes, and when I got there, I either had everything written down or didn't bring even half of what was needed, always afraid that the child would start crying from hunger or colic pain and be an embarrassment.

I couldn't wait to go back to work, but at the same time, I felt guilty about going back before the end of my maternity leave and leaving the baby with the grandmother for a month. She, by the way, had already had four children, one of whom was my son's father, but I thought she was incapable of taking care of her grandchild, at least with my rules.

When we are mothers for the first time, we read a lot and create a script for how to be the best mother in the world—a great fallacy, because we want everything to be the way we imagined it to be the most correct. Even worse, we do not accept that anyone fails around us and puts our mission into question. When we depend on others, even if it is the baby's grandmother, we put ourselves on high alert and control.

In my case, the solution to ensure the success of my son's stay at his grandmother's house, according to my rules, was an Excel sheet, with the days of the week in a grid with the schedule of each of the daily tasks, which had to be fulfilled religiously, so that everything went well. Some stage could be jeopardized if the grandmother did not comply with some feeding or sleeping routine. That in turn would interfere with the child's development and with the habit he had created in the previous two months.

As is obvious, and all daughters-in-law and daughters should expect, grandmothers do not comply with what is expected, because experience tells you that no rule, taken to an extreme, is good either for the baby or for the mother. It is even harder for the grandmother, because it means a lot of pressure, and this leads to stress that is completely unnecessary at this stage of life, for all concerned.

My first child is now almost twenty-one years old and has a feeling of responsibility identical to what the mother had on her maternity leave, an anxiety equal to or greater than what the mother felt at that time. But the feeling I felt until today was that my mission was accomplished, both as a mother and as a professional, proving that with some effort and with enough cooperation from the father and the family, everything can be achieved, and the others around us really love to help us. For the child it is an added value, as he learns to deal with the various forms of the same situation, creating an adaptability that is extremely valued today in professional and personal settings, due to the world being constantly changing.

I conclude that it is possible to be both a mother and a top professional without letting anyone down. We can satisfy both the company that trusts and needs us to achieve certain results as well as our children, who need our milk and our care, lap, and affection, not to mention our womb to be human beings.

In the old days, women worked in the fields and had their children almost there. My grandmother told me that she used to weed rice and that my mother was almost born there, because she never stopped working. There was a two-week maternity leave (if any), and immediately the woman returned to her duties as a worker, mother, and housewife, sometimes with many children, and almost every year she had children. For example, my paternal grandmother had eight children; that is, for at least eight years, she had a newborn every year, without ever ceasing to take care of the house, the field and the other children. My grandfather had a secondary role in contributing to the family, as he was only a part of the family's income. And how much did my father admire his mother? She was like a goddess to him.

Nowadays we have reached the other extreme of the situation, and we still complain. In Portugal there is a fashion in which any woman, as soon as she becomes pregnant, puts herself in a situation that is called "risky pregnancy." This takes place with the connivance and encouragement of doctors, especially male doctors, who will never, ever be pregnant, however much science evolves. This situation allows the woman to stay at home throughout her pregnancy (from the moment she is aware of the fact) until the day of delivery, with an allowance of the gross income she would earn if she were working. In fact, she receives more than if she were working, because this income is free of taxes and Social Security deductions. It is clearly an incentive to inactivity and to cheat Social Security.

But it is also a practice that clearly undermines the role of women in professional society. Companies are discouraged from selecting or promoting a woman to a managerial or top position, because at any time she may call her manager or send an email to report that she is pregnant and the next day she will no longer report to work because she is carrying a risky pregnancy, without any prior notice.

Now, this does not happen to any man. Many other things can happen, but never this. It clearly and indisputably undermines the role of women in the working class and weakens their role in society and in business.

How can we overcome this situation and move toward a more equal and sustainable situation in the equity of roles in society?

We only have to follow the example of Nordic countries such as Finland, Denmark, or Sweden where the role of the father is identical to that of the mother. "Risky pregnancy" is used only when there is a risk to the mother or the baby, which nowadays, with the advance of medicine, is only in cases of a detached placenta and can last only two or three weeks. Women may return to work after that period rather than be the nine months of pregnancy at home.

Parental leave has already existed in Portugal for many years. Similarly to the Nordic countries, as well as in central and northern Europe, after birth, the mother is entitled to a compulsory enjoyment of forty-two days of maternity leave, with the respective maternity allowance, corresponding to the gross value of her previous income before the leave; the father can enjoy the remaining days up to a total of 120 or 150, depending on overall income. With the issue of parenthood being equal between father and mother, such as part-time work until the child is one year old, it is no longer penalizing and discriminatory for the mother.

Although this is the law in Portugal, in practice it is still the mother who enjoys parental leave in its entirety, and the father may protest that if he does, the employer will penalize him. The mother also argues that breastfeeding makes it difficult to reconcile this practice with work, although there is a way to remove milk and let the father give the baby breast milk.

There is an underlying issue among women, and even more so as mothers, that only they can be the best, that fathers can't do certain roles as well, such as looking after the house, laundry, and, of course, parenting. The last one I heard was that women are more affectionate and can better meet the needs of their children, something that fathers cannot do as well, and I cannot agree with that statement.

This discussion is very old, and I believe that sometimes there is even some reason in some couples, but much of it is the fault of mothers who educated their sons not to take care of the house and their daughters to assume this responsibility exclusively. It is something that is passed down from generation to generation that we, in the present, end up doing as well, promoting this inequity and false incapacity in men.

In my simple opinion as the mother of three boys, it is up to the mother and father to show that if we want a fair and equal world, this situation cannot continue. If there is so much evolution in so many aspects of society, society must also evolve in this matter.

It is often said that laws force behavior, but in Portugal the law turns out to be just a falsehood, because we only see fathers taking parental leave when mothers are self-employed and therefore have a lower maternity allowance, the value being the average of the last twelve months. Or else the mothers are lawyers and have to meet tight court deadlines, or the fathers are civil servants, such as teachers, where leave is taken lightly. If the gross salary of fathers is higher, the monetary issue prevails, to the detriment of equity between the parents.

There is still the issue of breastfeeding, where both parents can take it until the child is one year old. This corresponds to two hours a day and can be taken alternately by the father or the mother. Again, in Portugal it is in practice exclusively enjoyed by the mother. Breastfeeding can easily be replaced by the withdrawal of milk and left to the father. This happens in many couples during the night, so that the woman can get a continuous night's sleep, necessary to compensate for the sleep deprivation to which she is subjected. Still, during the day the woman always ends up being penalized.

Finally, anyone who is a parent knows that young children often fall ill because they are developing their immune system, which is why in Portugal there is a childcare allowance up to the age of twelve, which is equivalent to the net value of the average salary up to thirty days a year. This can be taken by the father, the mother, or even the spouse of one of them, as long as they live in "table communion," which means they live at the same house.

Unfortunately, and in practice, it is always the mother who takes these leaves, using the argument that the father is not so sensitive, not understanding yet whether it is the majority responsibility of the woman or whether it is the father who also calls himself incapable of taking a son or daughter to the doctor, even if so designated by the mother. I also think that it is very convenient for the father, as he never gets in the way of his work, and when he does, he's the target of comments or questions, like "Why isn't the mother going?" because it's still so uncommon.

What I do know is that there are now couples where there are two fathers, or on a very small scale, fathers who take on the role of guardian and who are sometimes even "masters of the house" and where I see that their degree of efficiency is equal to or even greater than that of the mother. There are also couples with very well-defined sharing of roles who balance their parental roles well. Unfortunately, they are still rare and only happen more in large cities of the country or among workers in multinational companies, more influenced by cultural practices from countries of origin.

The result of this practice is that unfortunately we are subjecting women to a role in society that ends up penalizing them in the professional world and in turn, makes them more submissive in a marriage or relationship, due to the presence of low income or even the absence of it, making her dependent on the father's income and with a submissive role in the relationship. This is terrible, because any dependency is harmful. Moreover, if it breaks down, it leaves the woman in a situation of misery or living in an unsustainable situation out of necessity. It also does not allow women to fight for professional fulfillment to the detriment of motherhood, making it extremely unfair.

Something I always said, since I embraced motherhood, was that to be a good mother, I had to be happy and fulfilled. For that, I had to be able to do what I liked best and be autonomous, not depend on anyone. That's what I've always done, with the great help of my husband, who has always collaborated, and with the help of some people I've asked for help and still ask for help, to be able to balance the life of mother, professional, wife, and friend, in the way that makes me happy and fulfilled.

I believe that I am privileged, but I believe that this situation is within the reach of any woman. Just defend your point of view. Do not think you are superwoman; do not drive yourself to exhaustion to do everything alone, but divide tasks with the husband or partner, with the children, and with the others around you, promoting a balanced life at all levels. There is a very good example in Europe at the moment, who is now president of the European Commission, the German Ursula von der Leyen, with seven children and a previous profession as a doctor. You can see that she is a fulfilled, happy, competent woman in what she does since 2019, and nothing has stopped her from getting where she is, not even motherhood, seven times.

I am ashamed that in Portugal, my country, the excuse of a risky pregnancy is a common practice, without any need or risk for any of the parties, baby or mother, in pursuit of leisure and higher income. This harms the woman, because pregnancy has never been and never will be a disease, except in rare cases. Even at the end of it, doctors advise walking, and many of these women who do not go to work, because they have a "risky pregnancy," have their daily lives totally normal, even going to the gym, because the sick leave allows it.

In my opinion it is a fraud, and the Portuguese state should have already defended to the medical profession that this license should only be used in strictly necessary cases. In addition, its subsidy should be at most the equivalent of the value as if the woman were working, never higher. I have heard around me that this allowance promotes the birth rate, something that Portugal and most Western countries need. In my humble opinion, the only thing this value promotes is fraud and a bad example for the country of my heart. It would be fair if the amount of the allowance was 65 percent of the average remuneration of the last six months, which is what anyone receives when they are sick for more than three days, equivalent to a sick leave, as it should be an extraordinary situation and not a rule or fashion.

With these behaviors that are highly penalizing for women, we want to earn equal to men in companies. We want to have the same career opportunities. We want to have prominent roles in organizations. We do not like it, and we point the finger in an accusing way, when in an interview we are asked if we have small children or if we intend to have them in the coming years—something that is never asked to a man.

As a result of this inequity and practices that are almost entirely the responsibility of women, even today we earn 13 percent less than men in Portugal, in the same profession and with more qualifications (source: GEP Office of Strategy and Planning, of the Ministry of Labor, Solidarity and Social Security in 2023). In the United States of America the difference in wages is only 8 percent and only in the younger layers.

Returning to the issue of women's submission in Islamic countries and their financial or social incapacity, I believe that the man has a fundamental role in this situation, by virtue of religion. But it was not always like that and there are countries like the United Arab Emirates where you see many men alone walking and taking care of their children in playgrounds or shopping centers, something that is also very common in central and northern Europe.

In the UK and Ireland, for example, it is not so much the case anymore, the man takes over the income for the family and the woman often gives up her profession or works part-time until the children are old enough to go to elementary school. This may also be because of the lack of crèches, the excessive cost of kindergartens, and a matter of tradition. But then it becomes very difficult for the woman to return to her previous profession or at least to her previous income, and she becomes dependent on the income of the father of her child and, in turn, submissive.

In Portugal there are crèches, and due to low incomes, it is necessary to have two salaries in a family. It is rare to have a mother working and the father being a "homemaker" while the children are young. It is much more common in Germany or Denmark, for example.

I argue that marital relationships only gain from the division and balance of roles, not creating dependencies on any of the participants, whether by cultural or religious values or by the idea of perfectionism or the incapacity of the other. In Portugal, this greatly harms the woman and provokes sadness and revulsion in me. It makes no sense in any society.

Recall also that we are an example for our boys and girls, showing that it is possible to reconcile our professional lives with the role of mother or father, having balance in family management, having a cooperative spouse, and seeking external help when necessary; privileging professional fulfillment, emotional, social and financial balance; and promoting happiness in a family, without having submissive roles.

My hope is that times will evolve and that my possible granddaughters will not have to discuss these issues in Portugal or in the country they choose to live in, either with their spouses or in the workplace, where the law is put into practice in all sectors of activity in a fair and equitable way, without regard to gender, income or religion. My hope is that they can be as professionally fulfilled as I have been (or more) and manage to reconcile professional life with motherhood in an even more balanced way.

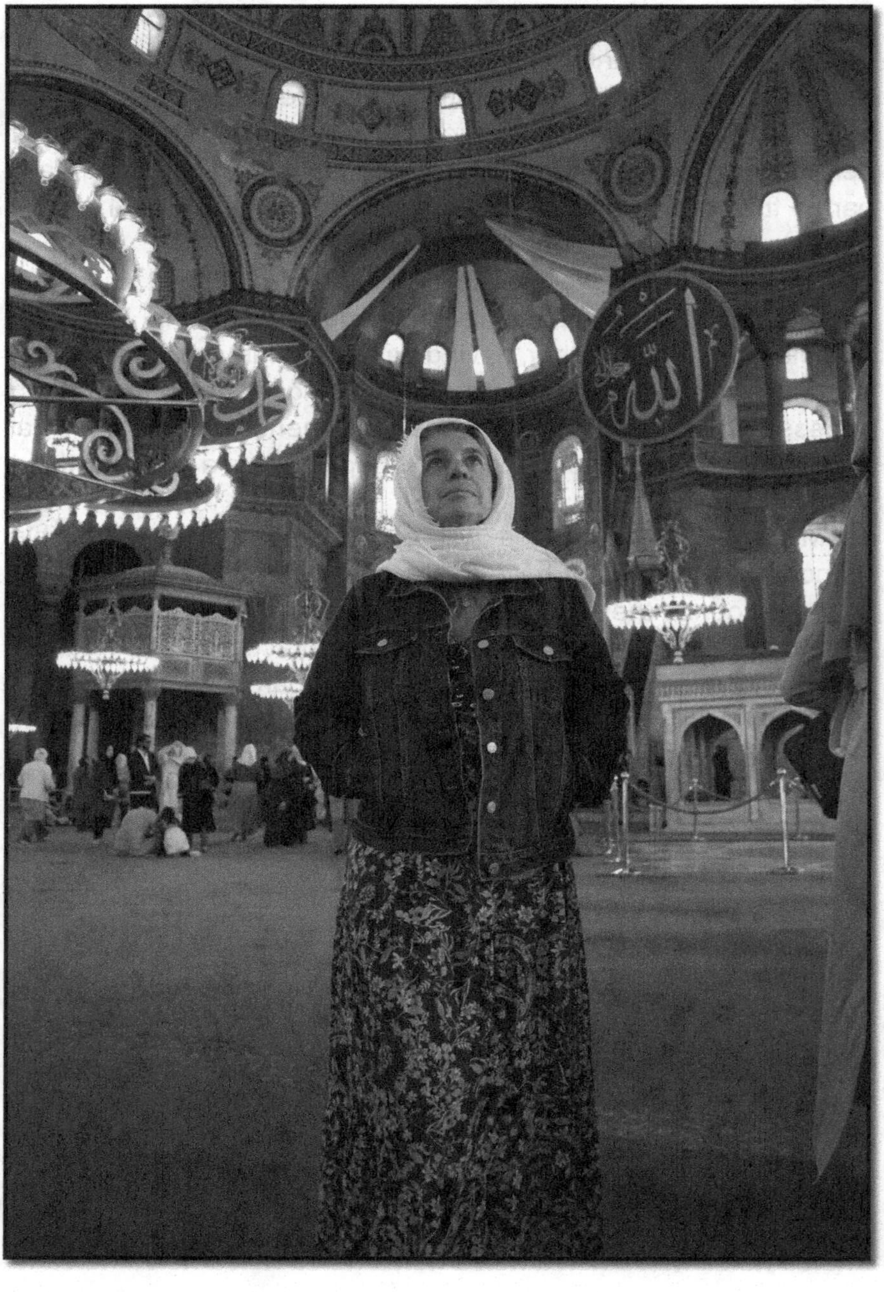

8

The Duomo of Milan - Italy

Anyone who knows me knows that I have always been fascinated by the number seven. I was born on the twenty-seventh and married on the twenty-seventh at the age of twenty-seven. My children were born on April seventh and on June seventeenth, by caesarean section, scheduled. I inaugurated the school on June seventh and created it in 2007.

We all associate this number with the seven colors of the rainbow, the seven musical notes, the seven days of the week, and also with the jersey number of Cristiano Ronaldo, a world-famous soccer player.

For that reason, when I started writing this book, I decided that I would first visit and write about seven temples.

It so happens that in November 2022, a year after visiting the first temple, the Church of Santo António in Lagos, I went to visit my son Tomás, the eldest, in Italy, in this case in Milan, where he was doing Erasmus as part of his degree.

At the center of this city is a stunning cathedral called the Duomo. It is also a city where fashion is the main business as well as its industry, where the big brands have their stores and factories, and where consumerism is a common practice.

Image is a very important factor for those who inhabit and visit this city—especially for the younger ones, who move around the square, taking selfies or photos for their social networks, living as dependent on the opinion of others, the number of likes they have on each of their photos, or the Reels of Facebook or Instagram.

Milan is considered one of the fashion capitals of Europe, comparable to Paris, London, New York, and Tokyo in the world.

Since our stay was very short, as it was only a weekend, we decided to go visit the Duomo on Sunday and try to attend a Mass, something I hadn't done in a while.

It was difficult to get in, as it was Sunday, and there was a huge queue again, as in Istanbul, but we managed and entered through the left wing. We had a very difficult time getting to the main nave, as there were barriers with benches, and everything indicated that we had entered the wrong door.

But after we tried several times to get past the barriers, an Italian gentleman, who apparently worked at the cathedral, appeared before me, and I asked him in English how I should go to the main wing. He simply showed me the way, when I was already prepared to jump over the stalls, so as not to have to queue again and enter through another door. Just a few steps ahead, there was a passage to attend Mass.

In no other temple had I ever been curious enough to attend a ceremony. That day, a Sunday, I felt like it. It was the Catholic holy day, and never until that day, and about the book, had I felt like attending a Mass.

There was the issue of being with Salvador and therefore it was difficult for him to last the whole Mass without getting tired and asking to leave. On the other hand, there was an extra motivation when I entered that church, which was to pray for a good friend and coworker, Francisco, who was going through a relapse of lymphoma and who was going to have surgery a few days later to remove his stomach completely and have a slightly different life, at least as far as food was concerned.

When I entered and was still struggling to find the entrance to the main ward, I managed to light a candle in front of a saint for my colleague and ask God to help him. Immediately I had a feeling of hope, of love, that the universe would help him. Curious or not, after three weeks, I received a call from his wife, immediately after his surgery, saying that after all they had not removed the whole stomach but only a part; therefore the recovery would be easier, and his food would be completely normal after a few days. My father had also undergone surgery, and after that he had lived for another six years, eating without any restrictions, just like him.

After the Mass began, it was exciting to hear that the liturgical year was beginning that day, something that was totally unknown to me. I immediately looked at the calendar and saw that it was November 27, 2022. I could not believe it, I immediately started crying with emotion, because it was exactly one year since I had gone to visit the first temple in Lagos and I had not connected the date until then.

The emotion continued when I listened to the whole Mass in Italian. Although I did not understand everything, many words were identical and easily perceptible, such as embracing hope, protection, and the blessing of children, or the conception of peace. All that chanting was having such an impact on me that I immediately decided I had to write about this temple in my first book. I couldn't stop crying. Next to me was my youngest son, quiet with my cell phone watching a video on YouTube, without sound. Behind me, about three benches away, was my husband relaxed and ready for an hour of Mass and with a smile on his face, because he realized that I was dazzled by the event.

It was a beautiful ceremony, super emotional from start to finish. By coincidence I wore white that day, symbolic of peace, and I was in the third largest religious building in Europe and one of the largest in the world.

This temple, in the predominant Gothic style of the architecture of Lombardy, has five naves with a height of approximately 147 feet, divided by forty pillars. It took almost five hundred years to complete. Construction started in 1396 on top of the previous Basilica of San Ambrogio and the Basilica of Santa Tecla, both destroyed by a fire in 1075 and completed only in 1965.

Despite its grandeur, the interior of the cathedral welcomes us in a tender way, with its more than fifty stained glass windows representing passages from the Bible, streaming an ethereal light onto the floor of the church, with several altars and paintings on the sides and with a principal one at the end of the main nave. It can accommodate about forty thousand people in its 125,937 square feet, but in return, it made us feel special and unique in that place.

The façade is clad in pink-white marble with immense spires and

135 pinnacles decorated with more than 3,400 statues that look out over the city. The main one is a gold-plated statue that stands at the highest point of the church, known as the Madonnina, sculpted by Giuseppe Perego, one of the main symbols of Milan.

It was a special ceremony, with my son doing super well until the end. My emotions were inspired by faith, thinking about humanity and always doing good, having courage (action by the heart), having confidence in tomorrow, which will always be better, and with a sense of inner, inexhaustible peace.

When I left the cathedral, one of the first things I did was to send a message to my colleague with a photo of the candle I had lit. I told him that everything would be fine, that he had to have faith and to trust in the next day and in his healing, just as I was having in our future—just as when I was little and depended on adults who were very absent.

We all have faith, but it seems we only seek it when we need it, and there is always some trial that makes us go and get it. When I was a kid, maybe I didn't identify it as such, but today, I have no doubt that faith and hope for a better day, together with all the love of those around me, made me believe that my future could be better than the present. They made me believe that despite the adversities and traumas I went through, life could still smile at me.

Today, I can say that, although I am less certain of whatever it is, that faith explains a lot. Those who have faith are much happier, and I am much happier today than I have ever been. I wish that those around me are at least as happy as I am, because life is too short not to be and not to live it to the fullest.

Today I recognize and thank God and the universe for all the people who have crossed my path: Sofia who advised me to seek psychotherapy; Helena, who, in addition to providing me with many hours of therapy and an eye movement desensitization and reprocessing tool, helped me overcome some of the traumas I brought from my childhood; and more recently, Ângela with her coaching sessions and new perspectives on life; and Celine, who with a hypnotherapy process regenerated my inner child and brought me a peace that I did not know was possible.

After the death of our biological parents, there is a sense of orphanhood, but also a sense of finitude, that the end is near, even though we do not know when. We attach a different importance to life and our role in society.

After my father's death I had the intuition that I had to pass on my story to someone and that whenever I did good for someone, I would feel better. It was something I already knew, because as I mentioned before, my purpose in life is to serve others. When I taught, I felt extremely fulfilled, as when I managed people in a multinational or when I built and now run a school that welcomes more than two hundred children and three dozen employees, with the aim of serving my community and making the world better for those families who chose us and, above all, for "my" children.

I found myself a few days ago telling my husband that I was "in a hurry to live," with great effusiveness. He initially didn't understand my idea and even got upset, as if I were complaining, something I try to avoid more and more, because we must be grateful for everything that happens to us, good and not so good, and try never to complain, because it does little good and brings us a negative emotional state. What I wanted to say was that I want to live more, to do more, to get out of my comfort zone, to challenge myself, to know more, without fear of what may happen, to have more pleasure in everything I can enjoy in this life, from simply stepping into the warm sea or hugging a stranger who smiled at me in a delicate situation, without judgments, without criticism, without prejudice, without thinking about what the other will think of my behavior, as long as my intention is always the best for those around me and my kindness to the other.

Milan is recognized for being the industrial city where luxury fashion items are produced, where some brands of great Italian designers such as Armani, Versace, Dolce & Gabbana or Prada were born.

It is indisputable that these brands live from the need for men to feel good in society, or better than others, when wearing their clothes or accessories.

In Goleman's emotional intelligence, one of the main goals of the human being is to have a positive impact on others, starting with one's own emotional self-awareness, passing through social awareness or empathy, managing relationships, and ending, in a continuous circle, in self-management or self-regulation. First you try to know and understand your own emotions, then recognize and understand the emotions of others, apply your emotional understanding or influence in dealing with others, and finally manage your own emotions effectively, starting again with your own knowledge of your emotions, in a continuous system, always with the ultimate goal of having a positive impact on others.

This topic took me to a time in my childhood and youth when brands were a very important subject for me (they still are today for my children). I remember the first sneakers I bought from Nike. They were baby blue, and I was proud to have been able to buy them with the money from working one summer, because my parents were not able to buy them.

In the beginning of my middle school, my integration in school was extremely complicated. It was my mother who decided my clothes, and I was very childish. I wore white lace socks up to the knee, and for the little knowledge of my mother, I wore pink skirts with red knitted sweaters, something that today a renowned fashion designer would wear. Such fashion in the early eighties was made fun of by my classmates; consequently, I found it difficult to be part of the girls' groups at school. Today I know that it is a very complicated school stage due to hormones and because no one really feels good at this time of life, as everyone seeks to assert themselves, some for the best reasons and others for the worst.

There were many times when I came home crying because of bad pranks that had been done to me or even because I had been beaten up by one of my classmates. One day I got tired of being made fun of or the target of aggressive or humiliating jokes, constantly and repeatedly, so that this colleague could try to make herself look good, something that today is called *bullying,* but at the time it was perfectly normal. There were also several episodes where my mother contributed to the creation of some traumas, where the shame of being the daughter of who she was prevailed. It all culminated in my feeling a lack of integration and negative impact with my colleagues.

Today I realize that if it hadn't been the clothes or my mother, something else would have bothered my classmates at that time. We all struggled to fit in with the most popular groups. Even some in those groups felt as good or less than me, who couldn't fit in because

I was silly or nerdy and didn't go on adventures that would put us in more dangerous situations or entail negative consequences.

This brings me to a theme that has been plaguing me lately and which in turn underlies this book throughout the various temples: addiction.

The opposite of dependence is autonomy, but how does this look when we depend on others to live well with ourselves?

Somewhere I heard that after the age of fifty the opinion of others has less and less validity. I believe today that there is great truth in this statement, but I think it is a constantly evolving process, and it will never be 100 percent. It may decrease, but it is an illusion to cease to exist, unless we are sick.

Addiction comes in many forms: we've already talked about a woman's financial or emotional dependence on a marriage or relationship, dependence on something that brings temporary satisfaction such as alcohol, illicit drugs, tobacco, sex, medication, people, social media, gambling and casino gaming, digital gaming, hoarding, and finally, food.

Any of these indulgences can be addictive. Even if we are aware that it is harmful to our physical and mental health, we end up doing it for a few minutes or hours of pleasure, putting our body at risk and clearly reducing our autonomy and average life expectancy, with quality.

While some addictions are more socially accepted, such as social drinking and eating, which few people talk about because it's as if they don't exist, others are the talk of the day, such as time spent in front of screens playing games or on social media.

I struggle not to have any of these I just mentioned, because with a genetic inheritance of alcohol consumption from my grandfather, who passed away when I was a year old, I have to be very vigilant not to need a glass of wine or a beer to feel good. But in the same way, I must not eat one or more *pastéis de nata* to overcome a bummer I had that day, because my mother was always above average weight for her height.

However, and not least, I have created a defense mechanism with the dependence on work, which is an addiction and which many of us use to avoid remembering the situations we must develop in ourselves. While we are overwhelmed with things to do, to-do lists, goals to meet, objectives to fulfill, and things to prove to our loved ones, we live on a wheel, always running and without time to stop and reflect on what is right and what we can improve. This on-the-go system, because it never stops, can last a lifetime without us realizing that we are that little mouse that is constantly on the wheel, trying to do better, more and more, without limit, tiring us to exhaustion, without knowing how to stop once to look at ourselves from the outside and see that there must be other pleasures in life other than working. At least we can practice stopping, meditating, looking at the sky for long minutes, walking without a goal, basking in nature, emptying our heads of appointments, agendas, e-mails, consultations, budgets, bank statements, bills, shopping, dinners, lunches, clothes, school, and children, among other things.

Only recently, in a coaching process, as a coachee, I came across this dependence, which I was able to verify by reading a book that I advise everyone to read: *Know, Love and Heal Your Inner Child*, by Stefanie Stahl. In short, I always worked hard, since I was thirteen, with immense responsibility from a very early age. While I was working, I didn't think about the hardships of my life, the family problems, the absence of my parents, the absence of affection or attention; I was busy. That's why I continued to do it constantly and still do it today, finding it very difficult not to do it, like any addiction. As Ângela, my coach asks, "Where's the policeman behind you?" There is no policeman; I am the policeman, and I am also the thief, who steals time and feels super bad if you are standing around doing nothing, just looking at the sky, on the one hand, because you are not producing, or helping someone, or caring about something. As my father used to say, to "waste time" is to be a parasite. But in turn we need to have time to relax, to balance a little the frenzy, the madness that is our current life, which often means that if we have a few minutes for some reason, we immediately grab social networks, to occupy our heads.

There is no space to stop, no time for us. And when there is, we don't know what to do, apart from worrying little about ourselves, about our individual quality time. We occupy it with trivialities, as if we were running away from something more important, which may be inside us. We avoid it because we don't want to see, we don't want to feel, because we don't like what may be inside us, or we are afraid of scaring ourselves.

How many mothers I see always on the run from one task to the next, from getting the little ones ready to preparing breakfast, putting the children in school, working, having lunch, going shopping, picking them up from school, taking them to activities, giving baths, preparing dinner, and falling round in bed without any time to read a book, go to the gym, take a bath, or go for a walk. The next thing they know, they're running around like little mice, not asking for help, unaware that they're using their defense mechanism and sinking into their own addiction.

Today I can look back and say that this addiction did not hurt me that much, because I achieved goals that I sometimes thought I would never achieve. I created projects that gave me immense pleasure, and I met people at work, for life. However, I could have done it in a more balanced, healthier, less stressful, more tolerant way for myself and less painful for others. I believe that nothing is by chance and that the goal was to get here and have this awareness, because it is very difficult to accept that work can also be a dependency and that above all, we are dependent on this state, to feel good.

I have always been very happy doing what I do. I often say that I am privileged because I am extremely fulfilled in what I do. I am really happy in almost everything I have done in life, from training to teaching in higher education, managing people, creating and managing projects, seeing children being born and growing up to be better adults than us, on a colossal scale, almost like we do with our children, but on a huge scale, which ends up having an even greater emotional reward.

Young people today and many adults, after the pandemic, are very aware of this dependence, and more and more young people are struggling for work/family balance, for quality personal time. Adults, for their part, many have started to adopt the "quiet quitting" stance, which means doing the minimum, with no effort or enthusiasm, except what is necessary to ensure minimum services. On the other hand, they abandon their jobs, with which they did not identify, only doing them for monetary reasons, which went into the background, until it became a priority and a necessity, for subsistence, without state subsidies.

But what is life without enthusiasm, without effort, without pleasure in what you do? It will only lead to depression, unhappiness, and mental illness. Working is a civic duty; it is a human need, it always has been and always will be. Resigning from work is like resigning from life, from the enthusiasm of achieving something, of helping someone, of serving others, not to mention the need for monetary reward, which should not be the motto, but it should also be the result in parallel with pleasure and recognition.

The world has changed with the Covid-19 pandemic. As an optimist I believe for the better, even when I am hit by fears and worries of how this will be, but I believe we are adjusting to the new reality, and young people, with fewer addictions and dependencies, will guide us to a healthier, more balanced, and happier system of living.

Returning to addictions, unfortunately, all the knowledge I have acquired over the years leads me to conclude that all our addictions have an emotional origin, something that happened to us to which we sought solutions in temporary satisfaction, to compensate for something that is affecting us at that moment, creating habits of dependence.

Fortunately, I have always been aware of this, and because of all those around me, even the bad examples who have fallen by the wayside and are no longer here, I have tried to ignore what I thought was bad for me.

Hopefully, since I already had such a bad past, I didn't need anything else to sink into. I just needed to surface and survive, with all the baggage I was already carrying. It may even have been a blessing, because I was born and raised until I was seventeen in a town where illicit drugs were a big reality, even at school.

In technical terms, addiction is the impulse that leads a person to use a drug, perform an action or be in a situation, continuously or periodically, to obtain pleasure, often also to relieve tension, anxiety, fear, unpleasant physical sensations, or the difficulty of dealing with frustrations, childhood traumas, depression, stresses, insecurities, low self-confidence, low self-esteem, sadness for no reason, and everything of an emotional nature, that is, sensations and feelings.

Emotional dependence on another person, also known as codependency, is an emotional or behavioral condition that compromises a person's ability to maintain a healthy and satisfying relationship. Loving that is not selfish or self-centered is loving without expecting anything in return. Emotional dependency, on the other hand, is the complete opposite, as it is loaded with ego. You believe that you will only be happy or survive if the other is with you. In this case, one projects expectations on the love partner or other people, becoming dependent on them.

Unfortunately, addictions or eating disorders are not as talked about as they should be, but at the same time, we have seen after the pandemic an increasing number of obese or very overweight people, who have been eating food excessively, in contrast to young people suffering from bulimia or anorexia in their eagerness to compare themselves with the most popular figures in their network of friends, social networks, or television series.

It is a constant search to have the best possible image, to be better integrated into society, our group of friends, or the work we do. Sometimes this image even puts our professionalism into question, as in the case of Maria Botelho Moniz. She was the target of an attack in the public media in written form, for her body, trouser size, or way of dressing, by a colleague attacking her professional capacity or talent and calling her image disrespectful toward the public.

Even Carolina Deslandes, a famous singer, commented in an interview on the SIC program *Alta Definição* (Portuguese television) that she filled four Lisbon and Oporto coliseums in 2022, but if you search for her on Google that year, the first results are her overweight and the nefarious relationship she has with food, more recently recognized as bulimia.

This is a subject with women in their thirties, but from the age of fifty onwards, the issue starts to be the signs of age creeping in, the gray hairs, the metabolism slowing down, gravity weighing in, and difficulty maintaining weight, no matter how many diet and fitness rules are followed.

The question of image will always be a subject for social inclusion or exclusion, unfortunately. Above all, however, I'm concerned about the reasons why there is a dependence and a need to seek momentary satisfaction, and from that, no one can say they are free.

It is more than proven that addictions have their origins in emotional events and traumas. For some these are nothing more than small events that did not affect them at all. For others these same events do emotional damage for life, and if not treated or reprocessed, they will be triggers throughout life for dependence on something or someone.

In the last few days, I went to the state of Oregon, United States of America, where my son Vasco spent the last nine months doing an exchange program in a host family, as well as finishing high school, to attend his graduation.

It was a roller coaster of emotions. First it was seeing him again after so many months after I had let him leave at only seventeen years old for more than eighteen hours by plane away, to a family that I had just met on WhatsApp, knowing only their names, their professions, where they lived and their religion. I had the security and confidence given by the AFS program, which has existed for more than seventy years, that they had been evaluated as a host family.

It was a difficult year during his absence, especially the first few weeks with the insecurity and lack of contact required by the program. This tested whether what we had suggested and provided for him would be good for him. But was the new family treating him well? Was he integrating well into the community, school, and family?

On this trip, I was confronted with a reality that I already knew, but which was even more evident as I traveled between several cities on the Pacific coast and some more rural ones.

Food addiction is a blatant and completely socially accepted reality in the United States. While the average height of a woman and weight in Portugal are 1.61 meters and 65.8 kilograms, in the United States, they are 1.63 meters and 77.1 kilograms in 2020.

We all know that being overweight brings physical problems, reduces mobility, makes organs work harder, and in turn increases the risk of diseases such as diabetes, autoimmune disorders, and heart disease, among others. Beyond that is the image issue and the psychological issue of looking in the mirror and not liking what you see, or not being able to wear certain clothes because they do not fit or do not exist for your size. Finally there is the inability to take part in some sports or leisure activities, such as going to the beach, without being judged by others.

There may also be tendencies due to genetic inheritance or repetitive family patterns or habits, perpetuating the family history and not breaking a practice that has adverse health effects.

I wonder why these people, many of them educated, with knowledge at a higher level, do not seek psychological help? Out of shame? Because of prejudice? Because they don't want to talk about their lives? Because they don't want to open the wound to heal it properly, because it hurts?

Many use the argument of lack of money, but most of the time it is an excuse, because they have the money to feed the addiction, whether it's tobacco, unnecessary food, or even alcohol.

Others even resort to surgeries that cost much more money and even solve the situation, at least apparently; others sometimes have the same compulsion again, and the problem returns.

But they do not try to deal with the problem at its base, at its origin: the traumas. What causes them to have this impulse, this compulsion that the mind cannot control? The benefit to life far outweighs the cost of pain or treatment.

For me it is serious to see a family of five, a mother and four children, at five p.m. in the city of Astoria drinking an extra-large coke and eating hamburgers and breaded fried chicken the same size as the drink. The youngest member was my height and no more than twelve years old but weighed at least twenty kilograms more than I. The whole family was obese, and all wore at least an XL, with the eldest brother and the mother being at least 3XL. They were all seemingly happy, as they were satisfying their compulsion and eating massive doses of sugar. The fast-food chains get their customers used to creating this addiction and compromising their physical and mental health.

It was equally to see a young man of little more than twenty, lying on the ground in a fetal position, squeezing three syringes in his hand, behind the door of the University of British Colombia in Vancouver, completely passed out in broad daylight, in a city where there are million-dollar buildings.

In other words, whether they are disparaged or accepted, addictions are still addictions, and we must avoid them at all costs. When we can't for whatever reason, we must have the humility to seek professional help and get treatment to go to the causes of addiction. It's necessary to seek psychotherapy that provides guidance or tools that help the person deal with the cause. Not only must we avoid risky behaviors and situations again, not just by resorting to chemicals that will only mask the symptoms temporarily. Sooner or later something will happen that will trigger an addiction behavior, in search of that momentary pleasure to compensate for the frustration, anxiety, or negative feeling that recalls the underlying trauma.

At the end of the day what is most valuable is love and compassion for others, generosity, and kindness, and that is what I found in Tillamook, Oregon in the Smith family—the parents, brothers, and extended family that my son Vasco had found on the other side of the world. They treated him like their own son, gave him lots of love, took him to unique activities, played games, watched movies, traveled together, and made him an even better human being than he already was, as well as more mature. They will be part of his family for his whole life.

This family was as generous as I have ever seen in my half century of life, both toward Vasco and toward us on this short visit. They were tireless, available, fun, and attentive to our needs, culture, and habits.

We will be eternally grateful to these four souls for what they have done for our son in recent months, free of charge, with a unique generosity, tenderness, and love.

Here is the proof that what counts is love and compassion; it is being with the other. Nothing makes sense alone. The pandemic has proven that loneliness and isolation can kill or leave very negative psychological marks. Unity, belief, and love can heal, bringing satisfaction and well-being, and save us.

The only greatness in the world is faith and love, tenderness, generosity, gratitude, kindness, and sharing. We only exist for others and in relation to others, without ever forgetting ourselves, our emotional stability, and our happiness.

My hope is that life is to be lived. I will continue to live it with intensity, emotion, and much satisfaction in sharing experiences with my dear husband, children, friends, coworkers, family, and those I will still meet in the future, wherever I go or can serve, because only then does life make sense.

See you soon for a second volume, perhaps in Asia.

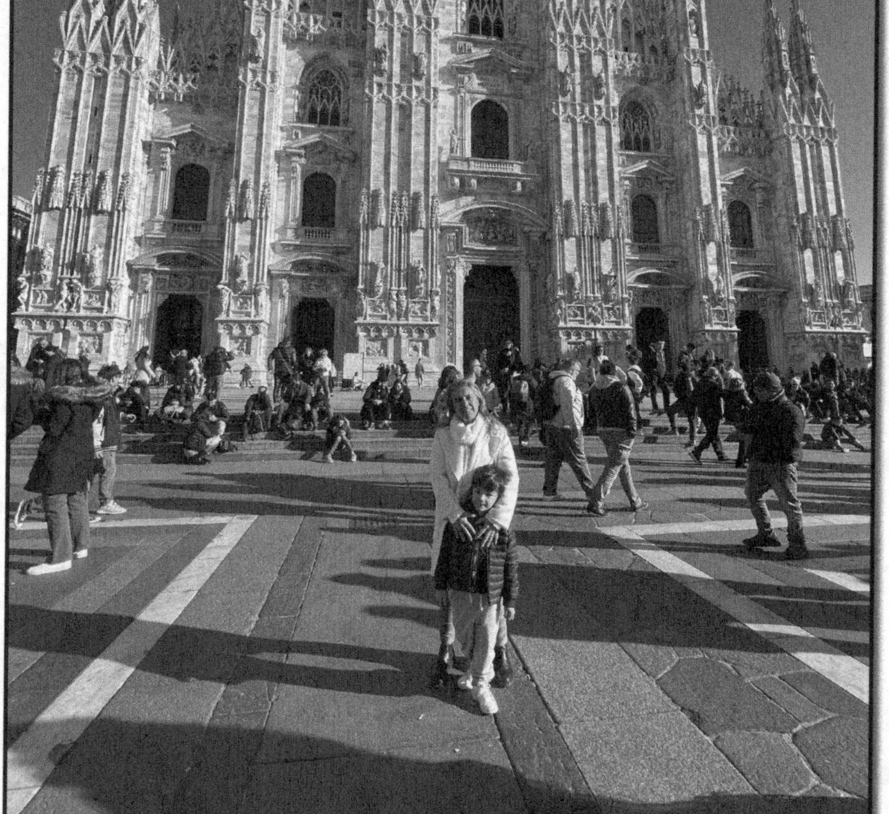

Bibliography

Almeida, C. (2012). *Crianças Felizes com a Numerologia.* Lisboa: Nascente.

Baker, D., C. Greeberg, and I. Yalof. (2004). *What Happy People Know: How the New Science of Happiness Can Change Your Life for the Better.* New York: St. Martins Griffin.

Carmona e Costa, R. (2022). *Salva-vidas, descubra com a inteligência emocional o pode salvar e aprenda a aplicá-la para viver mais feliz*. Lisboa: Oficina do Livro.

Chopra, D. (2004). *The Book of Secrets: Unlocking the Hidden Dimensions of Your Life.* San Jose: Harmony.

———. (2019). *Metahuman: Unleashing Your Infinite Potential.* London: Penguin Random House UK.

Clear, J. (2018). *Atomic Habits: An Easy & Proven Way to Build Good Habits & Break Bad Ones.* New York: Avery.

Coelho, Â., and S. Belo. (2010). *Family Coaching.* Lisboa: Oficina do Livro.

Goleman, D., R. Boyatzis, and A. McKee. (2002). *Primal Leadership: Unleashing the Power of Emotional Intelligence.* Brighton: Harvard Business Review Press.

Goleman, D. (1995). *Emotional Intelligence: Why It Can Matter More Than IQ.* New York: Bantam Books.

———. (1998). *Working with Emotional Intelligence.* New York: Bantam Books.

———. (2013). *Focus: The Hidden Driver of Excellence.* New York: Harper Collins Publishers.

Honda, K. (2019). *Happy Money – The Japanese Art of Making Peace with Your Money.* New York: Gallery Books.

Joanes, L. (2020). *Cura o teu corpo e as tuas emoções.* Lisboa: Manuscrito.

Mainstone, R. J. (1997). *Hagia Sophia: Architecture, Structure, and Liturgy of Justinian's Great Church* (reprint edition). London: W. W. Norton & Co Inc.

Oven, M., and P. Vieira. (2022). *Inspiração para uma vida mágica.* Lisboa: Albatroz.

Shapiro, S. (2020). *Good Morning, I love you, Mindfulness and Self-Compassion Practices to Rewire Your Brain for Calm, Clarity, and Joy.* Louisville: Sounds True.

Stahl, S. (2020). *The Child in You: The Breakthrough Method for Bringing Out Your Authentic Self.* New York: Penguin Books.

Tan, C. (2012). *Search Inside Yourself: The Unexpected Path to Achieving Success, Happiness (and World Peace).* San Francisco: HarperOne.

Online Sources

https://centralcrematorios.com.br/o-que-os-muculmanos-fazem/

https://daitaliacidadania.com/blog-posts/conheca-milao-a-capital-da-moda-italiana/

https://expresso.pt/podcasts/alta-definicao/2023-05-13-Carolina-Deslandes-Houve-um-ano-em-que-esgotei-quatro-coliseus.-Se-meteres-o-meu-nome-no-Google-tudo-o-que-se-fala-e-que-estou-gorda-acf4d09b

https://iqaraislam.com/salat

https://italianorio.com.br/milao-capital-da-moda/

https://madrasabenyoussef.com/

https://pt.differbetween.com/article/difference_between_lutheran_church_and_catholic_church#why_did_the_lutheran_church_split_from_the_catholic_church

https://pt.wikipedia.org/wiki/Catedral_de_Mil%C3%A3o

https://pt.wikipedia.org/wiki/Luteranismo

https://pt.wikipedia.org/wiki/Mulheres_no_Isl%C3%A3

https://sonhoastral.com/articles/2208

https://tournaitalia.com/curiosidades-sobre-o-duomo-de-milao/

https://vorfrelserskirke.dk/page/1070/our-saviours-church-copenhagen

https://www.dadosmundiais.com/altura-media.php

https://www.dadosmundiais.com/altura-media.php

https://www.milan-museum.com/br/duomo-catedral-de-milao.php

https://www.tudosobremilao.com/catedral-milao

https://www.vip.pt/maria-botelho-moniz-emociona-se-ao-falar-de-criticas-a-imagem-e-tao-injusto-e-pura-maldade

Printed in the United States
by Baker & Taylor Publisher Services

SALVA PELO *Amor* E PELA *Fé*

IDÍLIA RAMOS

BALBOA.PRESS
A DIVISION OF HAY HOUSE

Acerca da Autora

Idília Ramos nasceu em Lagos, uma pequena cidade no sul de Portugal - conhecida por terem saído as caravelas dos descobrimentos portugueses, um país a ocidente da Europa, onde prevalecia uma ditadura, numa família disfuncional, onde a mãe sofria de psicose e o pai era muito ausente devido ao trabalho. De origens muito humildes, ela teve a necessidade de começar a trabalhar aos treze anos de idade, onde viveu até ir para Lisboa estudar e no ano seguinte para o Porto conduzida pelo irmão, onde terminou a sua licenciatura em Gestão de Recursos Humanos e Psicologia no Trabalho no ensino pós-laboral, trabalhando sempre durante o dia, prosseguindo para um *Master em Human Resources Management*, no Reino Unido.

Quando regressou a Portugal foi convidada a lecionar na universidade onde havia estudado, passou por duas grandes empresas portuguesas como gestora e diretora de recursos humanos e foi nomeada administradora de recursos humanos de uma delas aos vinte e nove anos de idade.

Aos trinta e cinco anos com dois filhos, quando a sua mãe morre, decide regressar com a família à terra natal e criar de raiz um colégio para crianças desde os quatro meses até aos dez anos de idade.

Aqui conseguiu colocar toda a sua paixão, na criação de uma equipa de cerca de trinta e seis pessoas que por duas vezes a nomearam para *Best Team Leader* de Portugal, tendo vencido numa delas. Neste colégio ela vê cerca de 240 crianças a "nascer" e a

tornarem-se jovens equilibrados, com um conhecimento acima da média e principalmente muito felizes, com asas para voar para a etapa seguinte.

Apaixonada por comunicação e com uma curiosidade insaciável em todos os temas mundanos e espirituais, por vezes um pouco obsessiva, conseguiu ter um muito desejado filho, quase a fazer 46 anos de idade de forma natural.

Adora viajar e conhecer novas culturas, é apaixonada por pessoas e por ajudar o próximo, é uma workaholic em remissão, para tratar a sua criança interior e o seu mecanismo de defesa, de estar sempre ocupada.

Antes do seu pai falecer decidiu escrever este livro onde começa a colocar as suas memórias vividas, numa autobiografia, acompanhada de visitas a templos pelo mundo e às emoções por lá sentidas e experienciadas, no sentido de poder ajudar e inspirar outras pessoas a superarem dificuldades, traumas ou experiências menos boas e a serem mais resilientes, na tentativa de passarem a ter uma vida mais feliz, a ver o lado positivo em tudo o que lhes acontece, apostar no desenvolvimento e na cura pessoal, assim como, a fazerem escolhas honestas para tornar o mundo melhor, a começar pelo próprio.

Adora dançar, beber um copo de vinho, e divertir-se com a família e com os amigos. Sempre com um sorriso, é uma otimista por natureza e sempre com uma palavra de esperança de que o dia seguinte será melhor que o de hoje.

Palavras de Gratidão

Escrever este livro tem sido mais gratificante e libertador do que eu alguma vez imaginei.

Estou profundamente agradecida a toda as pessoas que me proporcionaram a inspiração e orientação à escrita do meu primeiro livro e logo em inglês, sobretudo ao meu pai Serafim que deu o mote desta obra.

Gostaria de agradecer à Maria Helena Horta que esteve sempre lá desde o primeiro dia nas ideias, na troca de opiniões, nas sugestões e na revisão da versão em português, assim como no prefácio.

Agradecimentos especiais pela amizade, apoio em toda a minha vida e companhia nas viagens, as minhas amigas de vida da "Terra Mãe": Cláudia Rodrigues, Isabel Borgas, Maria João Matoso, Marta Correia, Márcia Gomes, Mónica Martins, Paula Alexandra Carrelo, Patrícia Novais, Sílvia Borda e Tânia Dengucho.

Aproveito aqui para agradecer a todos os que passaram no meu percurso de vida, desde a todas as minhas tias, aos pais da Angelina Moreira e a ela própria, à minha prima Sandra Ramos com quem brinquei toda a minha infância, ao meu "quase" irmão Álvaro Gomes por toda a sua preocupação e orientação, colegas de trabalho, chefias, amigos, família, terapeutas, clientes que de uma forma mais fácil me deram a mão para o meu desenvolvimento, até aqueles que me desafiaram e fizeram-me pensar o porquê da sua passagem na minha vida, para crescer e tornar-me uma melhor pessoa.

Neste processo de escrita tenho de agradecer à minha colega Ana Rita Cintra que tirou bastantes horas para rever o texto em inglês e colaborar neste livro.

No que diz respeito à capa deste livro tenho de fazer uma vénia à maravilhosa Joanne James que criou este trabalho de recorte único ao refletir uma fotografia da minha família onde existe imenso amor, com uma delicadeza e um cuidado que só mesmo ela.

Agradecer aos meus pais Serafim de Jesus Ramos e Carminda Lopes Lourenço, que escolhi e que me proporcionaram uma vida que levou ao enredo desta autobiografia, com tudo o que foi favorável ou perturbador e traumatizante. Ao meu irmão Pedro que esteve sempre lá desde que nasci e passou por muito que eu passei e com quem posso contar, sem margem para dúvidas. Às minhas avós, que sempre me deram imenso amor e carinho e que me mostraram que havia um outro lado mais bonito da vida, do que aquele que eu vivia, e a uma que me inspirou a ser uma guerreira, muito curiosa e deu-me o seu nome.

Por fim e não menos importante ao meu marido por estar sempre ao meu lado, por amar-me e apoiar-me em todas as minhas decisões e aventuras com muito entusiasmo e confiança, assim como, aos meus filhos que são a alegria da minha vida e uma inspiração para ser uma referência para eles.

Muito obrigada a cada um que leu este livro e a minha esperança é que tenha ajudado em algum ponto na sua vida ou que o tenha inspirado a fazer algo por alguém ou especialmente por si.

Este livro é dedicado aos meus pais e aos meus quatro homens:
o meu marido Paulo e aos meus filhos: Tomás, Vasco e Salvador

Índice

Prefácio

Parece que estou a ver a expressão da Idília Ramos quando lhe disse que era eu a diretora de curso da Licenciatura em Educação de Infância, na Universidade do Algarve! Ficou sem palavras...e não conseguiu disfarçar!

Decorria o ano de 2009, tinha eu trinta e três anos. Estava no gabinete a despachar-me para ir para uma Volta ao Algarve à vela (sim, porque nessa altura eu fazia vela de competição e participava em vários campeonatos nacionais e internacionais), quando a Idília bateu à porta do meu gabinete a perguntar pela diretora de curso, e eu lhe disse: está a falar com a própria!

Passado o choque inicial - porque mais tarde, a Idília confessou-me que estava à espera de que fosse uma senhora mais velha, de saia, e não uma jovem de calções, polo, sapatos de vela e óculos de sol pendurados ao pescoço, disse-me que tinha ido à procura da diretora de curso porque gostava de receber estagiárias no colégio que ia abrir, de seu nome Colégio de S. Gonçalo.

Bem, o que vos posso dizer é que foi tal a empatia entre nós, que eu cheguei atrasada para a boleia que me ia levar para a regata. Parecia que já nos conhecíamos de outras vidas. Tanto que, uns dias mais tarde, me ligou a convidar para participar no lançamento da primeira pedra do Colégio S. Gonçalo e, depois, para a inauguração do mesmo.

No jantar da inauguração do colégio tive um lugar de destaque: em frente à pessoa que deu o mote para a escrita deste livro que se encontram a ler, o Pai da Idília, o Sr. Serafim Ramos, que apenas vi uma única vez, no cocktail do lançamento da primeira pedra. Se a empatia com a filha foi grande, com o Pai foi ainda maior. Depois, claro que como o mundo é um T1 (como diz uma grande

amiga minha), estive com pessoas que faziam regatas em barcos que corriam pelo Clube de Vela de Lagos e que eram convidados da Idília.

O colégio tem lá a trabalhar algumas ex-alunas minhas e, sempre que a Idília precisa de uma educadora, é a mim que recorre (ou que recorria). Sempre fomos falando, mantendo o contacto até que, por motivos de saúde, eu fiquei de baixa médica, e começámos a combinar um almoço uma vez por mês, sempre às quartas-feiras (dia que a Idília tirava para não ir ao colégio e fazer teletrabalho).

Até que, num desses almoços, a Idília me disse que ia escrever um livro. Um livro que falasse de templos, um livro de autoajuda, um livro que pudesse ajudar outras pessoas, tal como a ajudou a ela a ultrapassar a partida do Pai e os traumas de infância e juventude. Perguntou-me se eu não poderia fazer a revisão do livro, ao que respondi: claro, com todo o gosto e satisfação!

Ao fazer a revisão do livro, permiti-me começar uma viagem por sítios que estão tão bem descritos, que é como se estivéssemos lá, alguns onde nunca estive (e não sei se nesta vida chegarei a estar).

A viagem começou em Lagos, na Igreja de S. António. Já estive nesta igreja, mas já foi há muitos anos, muito antes de ser restaurada. O segundo templo que se nos apresenta, é o Templo das Pinturas, no México. A seguir, somos conduzidos pela mão da Idília, qual Anjo, que nos apresenta o *Templo Hindu Shri Sanatan*, em Londres. Já estive nesta cidade idílica e até tive o privilégio de ver o Tony Blair, a sua esposa e os seus filhos, no último render da guarda do ano no Palácio de Buckingham, na passagem de ano de 2006 para 2007, passada junto à Torre do Big Ben, mas nunca estive neste templo.

De seguida, somos levados para dentro da *Church of Our Savior*, em Copenhaga, na Dinamarca e, a seguir, para o *Hallgrímskirkja*, em Reiquiavique, na Islândia. Sem querer desvendar muito, a descrição deste templo é forte.

A seguir, a Idília conduz-nos para Marrocos, na cidade de Marraqueche, para o templo *Madraça Ben Youssef*. Coincidência ou não - até porque eu não acredito em coincidências - também eu fiz uma viagem a Marrocos com um grupo de amigos, tal como a Idília fez com o seu grupo de amigas.

O templo a seguir é o *de Santa Sofia*, em Istambul, na Turquia,

país onde nunca estive, mas este livro despertou-me a curiosidade por conhecer esta cultura. Por fim, o templo que se nos apresenta, é o de *Duomo*, a Catedral de Milão, em Itália. Também já estive em Milão (lá está, nos anos 2000, de passagem, apenas por um dia, pois seguiríamos no dia seguinte para o norte do país, para um lago perto de Bérgamo, para uma regata – onde eu cheguei e disse: a terra acabou ali e aqui começa o paraíso), mas nunca estive desperta para esta questão dos templos, até que a Idília, gentilmente, me pediu se poderia fazer a revisão do livro.

Este livro, que eu considero ser de autoajuda, também pode ser considerado de *consulta*, tal como um *guia de viagem*, para quando formos a um destes locais, o podermos consultar e reler, para fazer alguns dos percursos que a Idília nos abriu as portas para o(s) conhecermos.

Boas leituras.

1 de agosto de 2023
Maria Helena Horta

Prólogo

Tinha tudo para dar errado e deu tudo certo, pelo menos até agora ...

Em Outubro de 2022, numa conferência sobre "O Direito a Brincar" que teve lugar no Centro Cultural de Lagos, promovida pela Comissão de Proteção e Jovens de Lagos, ouvi o Professor Doutor Carlos Neto a dizer que as crianças com infâncias desajustadas, infelizes e famílias desestruturadas irão ser adultos com problemas, com inclinação para a violência, para a criminalidade.

Se eu tivesse menos de catorze anos em 2022 e tivesse a infância que tive, teria sido uma séria candidata a ser referenciada para esta comissão.

Nasci numa família humilde, muito trabalhadora, ambiciosa e desajustada. Fui criada por um pai, bastante ausente em trabalho, que tinha como objetivo dar uma vida melhor aos seus filhos e pela minha avó materna até aos dezoito anos (e de uma forma mais distante pela avó paterna). Senti sempre uma grande ausência e até negligência por parte da minha mãe, mesmo, desde tenra idade.

Gostaria de dizer aos jovens que não precisa de ser assim. Se houver alguém que vos dê amor, se tiverem resiliência, se acreditarem que é possível, se tiverem um propósito de vida, vai haver muita força e energia para provar que apesar das circunstâncias, tudo pode correr bem. A dificuldade não é uma sentença de insucesso.

O propósito surge com a vontade de viver, encontrar as coisas que nos fazem felizes, as pequenas coisas, como um passeio na praia, conviver com amigos, dançar, brincar, rir, cheirar flores, ver uma comédia, ensinar algo a alguém, caminhar num espaço verde, comer um pastel de nata, trabalhar e um sem número de coisas. Contrabalança com aquilo que de menos bom nos acontece, mas que nos faz crescer tanto e torna-nos mais impermeáveis às

contrariedades, que nos fazem ser mais fortes, mais capazes, mais resilientes e sabedores.

Isto é um processo que nunca acaba. Vai acontecendo ao longo da nossa vida e ajuda-nos a tomar decisões cada vez mais acertadas, ajuda-nos a viver em paz connosco próprios e com os outros que nos rodeiam.

Se eu puder inspirar uma pessoa, que seja, com este livro a acreditar que é possível ser bem-sucedido, apesar de não ter nascido num berço de ouro, mas sim numa família problemática, já valeu a pena escrevê-lo. Essa pessoa poderá ajudar outra e depois outra e a minha missão está a ser concretizada.

Uma das heranças que a minha mãe me deixou foi o gosto de viajar, da aventura e de conhecer templos, ou seja, desenvolver a minha espiritualidade. Até aos treze anos de idade, altura em que deixei de viver com a minha mãe e fiquei exclusivamente com o meu irmão, pai e avó materna, tinha viajado até Fátima, Lisboa, Braga, Sevilha e Ceuta; foi o suficiente para despertar o bichinho. O que na altura era uma verdadeira seca e até muito complicado por ficar por vezes sozinha, horas e horas fechada num quarto sem janelas, foi a possibilidade de conhecer pessoas que mudaram a minha vida e condicionaram a pessoa que sou hoje.

Após a morte do meu pai em 2021, decidi que deveria colocar em forma de autobiografia um pouco da minha aprendizagem ao nível da educação sócio emocional, da minha experiência de vida, associando esta sabedoria, que fui adquirindo nos últimos vinte e cinco anos, com viagens a templos em todo o mundo.

Curioso foi, também, aos vinte e cinco anos de idade ter sido convidada para dar aulas de sociologia, em horário pós-laboral, na universidade onde me tinha licenciado. Uma cadeira que havia abominado enquanto estudante, por ser de memorização, mas como adorava e adoro transmitir conhecimento, além de precisar de rendimento, aceitei e conciliei com um trabalho durante o dia na minha área de gestão de recursos humanos.

Acontece que no conteúdo da cadeira, tinha de estudar e passar conceitos sobre religiões existentes no mundo, para os alunos entendessem a diversidade das pessoas e as várias crenças mundiais. Posso dizer que foi extremamente difícil abordar estes

temas e falar para uma audiência de uma forma apelativa, tendo acabado por tornar as aulas muito práticas, com a discussão dos temas das várias religiões com os rituais e crenças de cada uma, tornando assim as aulas até divertidas, como eu acho que todas as aulas deveriam ser. Inacreditável é passado um quarto de século da minha vida, dedicar-me a escrever um livro sobre religiões, crenças, deuses, rituais de todo o mundo, com um prazer e gozo imensurável; as voltas que a vida dá. Considero hoje que já era um presságio deste livro.

Além de poder inspirar pessoas a acreditar que há um caminho para a felicidade, mesmo que tenha havido solidão, negligência na infância e na juventude, tenho como objetivo que os leitores possam vivenciar o que observei, o que senti nas visitas aos templos, que possam rever-se e sentir o mesmo ou outras coisas nessa descrição. Que possa ser uma forma da pessoa encontrar-se na sua espiritualidade ou encontrar um caminho, uma esperança, pois a vida faz-se caminhando no amor e na fé.

Segundo a numerologia, astrologia e até o estudo do ser, tudo ciências que tenho vindo a conhecer ao longo da minha vida, apenas por curiosidade, a minha missão e propósito de vida é servir os outros. Nada há como um livro que chega a muitas mais pessoas e passa de geração em geração.

Por fim, gostaria de acabar com a crença de muitos, de quem nasce torto, tarde ou nunca se indireta.

Obrigada. Você pode ser uma destas pessoas, ou a rever-se ou a inspirar outros.

Introdução

No leito de morte do meu pai descobri que, além de outras coisas que já fiz na vida, teria de reunir em palavras, letras, números e imagens algo que não fosse efémero eque fosse útil para muitas pessoas. Teria como base tudo o que fui vivendo ao longo destas cinco décadas e que fui aprendendo de uma forma mais positiva, por um lado, e, por vezes, de uma forma mais difícil de aceitar, mas que nos faz crescer muito mais.

Regressando à minha infância, a minha mãe era uma católica praticante: batizou-me, fiz a catequese e claro a primeira comunhão. Sempre que íamos a uma igreja, em qualquer parte do país ou em Espanha, era conhecida por se perder no tempo e de fazer esperar meio mundo, o que deixava a todos os que a acompanhavam, muito chateados e a mim envergonhada. Até me recordo que, numa excursão que fomos a Sevilha, dezenas de pessoas tiveram de esperar mais de uma hora pela minha mãe, sujeitando-nos a que partissem sem nós.

Na altura, para uma criança, foi extremamente desagradável ver todos chateados com a minha mãe e considerar que, de facto, não havia necessidade de fazer esperar ninguém. Esta foi uma coisa que aprendi: que deveria ser pontual e respeitar o outro.

Uma das coisas que hoje sei, é que na vida temos de acreditar em algo, termos fé e gerirmos da melhor maneira as nossas próprias emoções.

Nada se assemelha ao vermos um conjunto de pessoas massificado em romaria a locais de culto, por acreditarem em qualquer coisa, mesmo que seja um clube de futebol ou uma seleção nacional.

O que procuramos? A resposta é simples: alegria, confiança,

identificação com o próximo e o mais importante – Amor. Isto acontece quer num estádio, numa mesquita, numa igreja ou num local de culto que poderá ter qualquer nome, em qualquer parte do mundo.

Há que frisar que o meu pai não era dado a manifestar emoções, apesar de ser um sentimentalista e de se emocionar ao ver uma notícia onde alguém estivesse a sofrer. Ele era de uma geração que o homem não chora e não diz o que sente, muito menos verbaliza qualquer definição de emoção (como medo, tristeza ou alegria), simplesmente tentava oculta-la. Após um fim de semana onde não sabíamos se ele chegaria ao início da semana seguinte, e gradualmente estávamos a ter conhecimento que estava a chegar ao fim da sua viagem, uma das últimas coisas que o meu pai me disse, numa segunda-feira de manhã, no mês de maio do ano em que faleceu (2021), com mais significado, já nos seus últimos momentos de vida e na presença da minha sobrinha, foi quando ele exclamou, olhando para a minha sobrinha e para mim, com uma cara emagrecida pela doença, que o consumia havia seis anos, com uma expressão e uns olhos que manifestavam um enorme carinho e sofrimento, como nunca o tinha feito em toda a minha vida: Meninas, o mais importante na vida é o Amor. Tudo o resto virá!

Esta frase acompanhar-me-á, assim como esta situação, até ao fim da minha vida. Foi determinante para eu arrancar com este projeto, conduzido por todo o amor que tenho tido ao longo da vida, da minha família, dos meus amigos, colegas de trabalho e de todos os que se cruzam comigo. Alguns por momentos e outros que ficam para a eternidade. Mesmo que seja apenas a vermo-nos uma vez em cada dez anos, é porque o amor nos marcou e contribuíram em algo para aquilo que somos hoje.

Além de beata a minha mãe gostava de escrever poesia e, apesar de todos os problemas que ela tinha ao nível psicológico e que condicionaram a minha infância e juventude, conseguiu escrever um livro de poesia e isso ficará, para os seus netos, bisnetos e todos os que vierem depois.

No ano em que fiquei órfã de pai - já tinha ficado de mãe há catorze anos - decidi que tinha de fazer algo que quando eu não esteja cá, ou mesmo ainda nesta vida, possa ser um estímulo ou inspiração para outros ao procurarmos sermos felizes e vermos a

perspetiva que nos for mais confortável, agradável para cada um, acreditando que sempre há uma perspetiva que nos traz aquilo que procuramos num templo, a tal alegria, confiança e sempre o amor.

Reunindo os valores herdados dos meus pais, decidi procurar e visitar os grandes templos no mundo, registá-los em palavras, imagens e acima de tudo, explanar o que sinto nesses locais, em termos emocionais, no sentido de poder ajudar outros a visitá-los, e a sentir o mesmo ou as suas próprias emoções nesses locais de culto.

Ainda o meu pai estava vivo e já eu falava com os médicos e enfermeiros dos cuidados paliativos que o acompanharam nos seus últimos meses, na minha casa, onde o meu pai permaneceu até à sua partida, sobre este meu projeto. Num dos dias, aquando de uma visita da equipa de paliativos, comentava este tema, com um dos médicos, também para aliviar o peso do momento, quando, este médico sugeriu-me um templo que eu tinha mesmo de visitar no âmbito deste projeto. O Dr. J. Gamboa, sugeriu-me o Santuário de Monserrate, na Colômbia. Tinha sido onde ele tinha prometido ser médico, havia mais de quarenta anos. E nesse dia começou a minha listagem a nascer nas notas do telemóvel de templos a visitar.

Mas não sabia quando e por onde começar e deixei que a vida se encarregasse de me ir mostrando. Viajar era difícil naquele momento; estávamos há mais de vinte e um meses numa pandemia de Covid-19, algo me dizia que tinha de começar em Portugal. O mais natural seria começar em Fátima, onde vou regularmente, há mais de vinte e cinco anos, sempre que vou ao Porto ou volto para o Algarve, quando faço este trajeto com o meu próprio carro.

Todavia, uma noite em inícios de novembro, num dos poucos jantares de amigos que a pandemia permitia, um dos meus amigos comenta que tinha ido visitar o novo museu em Lagos, onde estaria a Igreja de Santo António, toda renovada. O Museu Municipal Dr. José Formosinho, tinha sido inaugurado exatamente no dia em que tinha completado os meus cinquenta anos. Por ter nascido no dia da cidade de Lagos, os meus pais colocaram-me o nome da minha avó paterna, diga-se de passagem, não foi fácil ter um nome difícil de pronunciar enquanto criança ou jovem e logo de seguida um nome de rapaz, que por sinal é o nome do santo padroeiro da cidade - S. Gonçalo.

Nessa mesma noite, fruto da minha natural espontaneidade e impulsividade, tinha acabado de escolher o meu primeiro templo, na minha cidade natal que tinha reaberto no dia em que tinha completado os meus cinquenta anos; nada seria por acaso.

1

Igreja de Santo António, Lagos – Portugal

27 de novembro de 2021, exatamente um mês após completar 50 anos e pouco mais de seis meses de perder o pai no reino dos vivos, fui visitar o meu primeiro templo com o propósito de começar este projeto.

Não sabia o que esperar, combinei com o meu marido que iríamos após o almoço. Fui buscar a máquina fotográfica, o tripé que já tinha adquirido com este propósito, levei o meu filho mais novo, o do meio não estava nem aí... *sweet sixteen*, foi ter com a namorada, e ainda levei uma fatura da operadora de telefone de casa, para comprovar que erámos residentes e não termos de pagar bilhete. Não é que fosse isso que iria fazer a diferença, mas se é gratuito, vamos lá aproveitar.

Estava entusiasmada, já tinha estado em centenas de igrejas por todo o mundo, mas não conhecia esta, na minha própria cidade. Frequento com alguma regularidade outras em Lagos e na Luz, mas não conhecia propriamente esta. O museu também não sabia o que iria encontrar, ao fim e ao cabo, como eu costumo dizer, vivemos perto do fim do mundo, sendo que este, é em Sagres. Resultado de um pensamento de alguém que viveu dezoito anos numa grande cidade e regressou à sua cidade natal, com cerca de 30 mil habitantes onde quase toda a gente se conhece, com tudo o que isso tem de bom e mais desagradável.

Foram momentos mágicos, assim que entrei fiquei impressionadíssima com a entrada, parecia que estava noutro local que não Lagos. Cheguei para comprar os bilhetes, não foi necessário mostrar a fatura, pois a senhora que estava na bilheteira

conhecia-me bem de outras receções onde ela havia trabalhado. Ainda lhe perguntei se queria o comprovativo, quando ela me respondeu: não é necessário, conheço-a bastante bem e sei que vive aqui. Não sei se esta regra se aplicará para o futuro, mas é um bom incentivo para os cidadãos de Lagos visitarem esta obra de arte, mesmo aqui ao nosso lado.

Assim que entrámos, fiquei impressionadíssima com o que vi no seu interior, com o extremo bom gosto na decoração, a inovação que contém, como, por exemplo, hologramas Três D de percebes, marisco que adoro e que é comum nesta costa Vicentina, borboletas azuis e tubarões. O que me impressionou imenso foram duas paredes destinadas a mulheres, a primeira sobre mulheres que haviam sido artistas outrora, denominada – Um Lugar para Mulheres, e a outra com o título – As Nossas Raparigas, onde refere as raparigas trabalhadoras de rendas e bordados.

Não sou feminista e gosto pouco de radicalismos ou manifestações, todavia, sendo mulher e após ter passado uma juventude com um pai e irmão, pois a minha mãe tinha saído para outra casa, convivi com muitas frases e crenças de que "as mulheres não conseguem fazer isso", ou "isso não é para vocês", ou "tu não consegues fazer isso". Claro que passei toda a minha vida a provar-lhes que isso não corresponderia à verdade e a contrariar os seus machismos. Um dia descobri que no ano anterior em que nasci, foi o ano em que as mulheres começaram a votar em Portugal, sem qualquer limitação, pois antes tinham de ser casadas ou saberem ler e escrever, o que para mim hoje em dia é qualquer coisa que não consigo sequer aceitar ou compreender, por isso, o que puder fazer para dignificar a Mulher, farei.

Contudo, fiquei deveras sensibilizada por ver duas alas destinadas a mulheres, o que demonstra a efetiva atualidade deste museu. Não irei descrever o museu, que é digno de visitar, tanto que esta é apenas primeira parte, pois está previsto a abertura de uma outra parte do outro lado da rua, onde era antigamente a PSP, será possível evocarmos memórias e admirar artefactos anteriores a 1470.

Foi impossível ficar indiferente aos vários S. Gonçalo que estão expostos. Até o meu filho de quatro anos, dizia: "Mamã, é o S. Gonçalo!". Simplesmente soberbo.

Claro está, a igreja está no fim do museu e para chegar lá temos de o percorrer todo. Assim que passei a porta vermelha antiga, como tinha de ser, vislumbrei uma sacristia com móveis encarnados completamente restaurada, a estátua de Santo António, com o seu menino Jesus e com o livro, era absolutamente estonteante e deliciosamente recuperada, fiquei ansiosa e ao mesmo tempo com uma enorme alegria, estou a chegar à igreja.

Depois caminhei para o interior da igreja de Santo António. Assim que cheguei, olhei à minha volta e senti uma enorme satisfação, o que via era algo magnífico, estava num interior de uma igreja completamente coberta de talha dourada, com imensas imagens de santos, de anjos, Menino Jesus, um altar, com um teto pintado com o escudo de Portugal. Por todo o lado se respirava Portugal, tudo o que os nossos antepassados nos deixaram, que dignifica quem somos e o que deixaremos para as novas gerações. Senti um orgulho imenso, uma satisfação e alegria por ser portuguesa, por ter nascido em Lagos, em Portugal e pelos meus conterrâneos terem criado uma obra de arte daquelas e a mantivessem viva até ao século XXI, mesmo após um sismo. Senti o Amor de ter um filho a visitar aquela igreja linda, sempre com a boca aberta, deliciado pelo que via e de ter um marido a fotografar aquele momento, mesmo quando a sua arte não é a fotografia, mas embarcou em mais esta minha aventura, claramente por Amor.

Esta igreja militar (do antigo Regimento de Infantaria de Lagos), já existia em 1702, no Largo de Santo António. Sofreu importantes obras em 1718 e 1769, tendo sido classificada Monumento Nacional em 1924. A parte exterior é extremamente simples, contrastando com o seu interior ostensivo coberto a ouro. Tem oito quadros que representam os milagres do santo e, claro tem a estátua de S. António no seu altar, sendo representada apenas por uma única nave, mas de uma beleza fora de série.

Ao contrário de uma igreja protestante, já visitei algumas onde não há santos ou imagens, esta igreja católica é preenchida por estátuas e imagens de anjos e santos, dando-lhe uma característica de aconchego e conforto, que dá vontade de ficar ali durante um grande tempo a observar e a sentir.

Como não me deixaram colocar o tripé, teve de ser o meu marido a tirar a fotografia comigo e com o meu filho Salvador. Mas

ficou o registo que nunca irá representar o verdadeiro impacto que este templo tem para quem o visita.

Não poderia ter escolhido outro templo para começar esta "viagem", agora não sei para onde ir... irei deixar o tempo decidir qual será o próximo templo.

Em toda a minha vida fui conduzida a planear, se não planeasse até tinha medo que não corresse bem e ficaria extremamente chateada caso acontecesse algo imprevisto, o que me levou a planear sempre cada vez mais e mais, no sentido de evitar que algo corresse menos bem. Claro que o planeamento tem um custo elevado de tempo e esforço e que, em muitas alturas é absolutamente necessário, porque envolve recursos a vários níveis e que são determinantes para o sucesso de uma atividade.

Contudo, a vida nos últimos anos tem-me ensinado que o planeamento elimina a surpresa e, por sua vez, cria um alto nível de ansiedade para que tudo corra conforme o plano, além de criar elevadas expetativas. Por isso, comecei a planear cada vez menos as minhas viagens, deixando as decisões para tomar no dia ou dias antes, claro que garantindo o alojamento e transporte da primeira noite e analisando as variáveis que poderão influenciar o destino e a capacidade de concretizar alguns desejos.

Neste projeto irei tentar deixar ao acaso os vários templos por onde irei passar, sabendo neste momento apenas onde comecei deixando-me levar por desejos e informações que vou recebendo e que irão despertar para a vontade de conhecer e explorar, contrariar tudo o que estou habituada, que é planear tudo. Resumindo é *go with the flow.*

Acima de tudo irei tentar aproveitar e sentir ao máximo o momento, como o foi hoje e, se algo não correr conforme o previsto, aceitar e desfrutar da surpresa, com alegria e humildade e agradecer a oportunidade de o fazer com muito Amor.

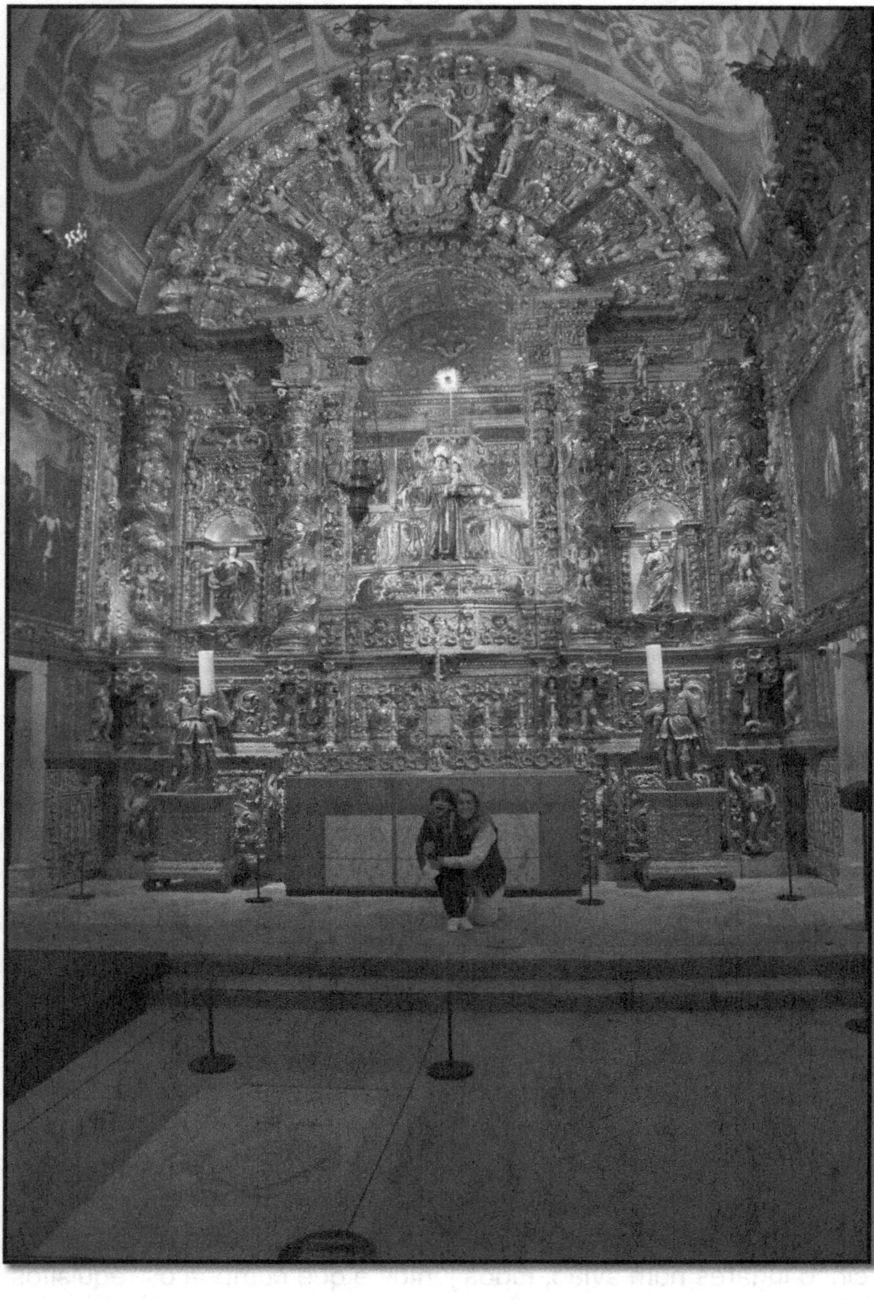

2

Templo das Pinturas, Cobá – México

Havia mais de dez anos que falávamos em ir ao México, todos os que nos falavam de terem ido e que tinham adorado, criavam-nos uma ansiedade e expetativa enorme – será que alguma vez conseguiremos ir?

Este 2021 foi um ano muito desafiante e não queria chegar ao fim do ano sem conseguir concretizar essa viagem. E assim foi, ao fim de muitas contrariedades: comecei a tentar marcar a viagem em setembro e no fim de outubro ainda não tinha conseguido. Ou os aviões estavam excessivamente caros, ou cheios ou não conseguíamos datas que satisfazessem as necessidades de cinco pessoas, com aulas, trabalhos e exames.

Por fim, e num dia que para mim seria a última hipótese, mudei de pessoa a quem tinha delegado a marcação da viagem e tendo apenas dois requisitos: que chegássemos a Portugal no dia 3 de janeiro para os miúdos não faltarem à escola ou exames e passar a noite de 24 de dezembro em Portugal, para celebrarmos o Natal com a família, que este ano seria no Porto, com os pais do Paulo. Supliquei para que nos arranjasse uma viagem ao México, ainda no ano de 2021, para cinco.

Algumas hipóteses voltaram a surgir nos dias seguintes e após uma semana tínhamos avião, mas não tínhamos hotel. Estava mesmo enguiçada a viagem. Depois conseguimos arranjar hotel e não tínhamos lugar no avião para lá. Por fim, a TAP criou um voo, para dia 27 de dezembro; tal não era a procura. Lá conseguimos ter cinco lugares num avião, todos juntos e que cumpria os requisitos, seriam menos dias lá, mas isso seria o menor dos problemas.

Ao aproximarmo-nos da data de partida, crescia uma ansiedade que nos colocava em pânico, cresciam o número de casos positivos de COVID-19 à nossa volta, de dia para dia e nunca sabíamos se iríamos conseguir embarcar os cinco passageiros, o medo estava instalado. Púnhamos diariamente as hipóteses do que fazer caso algum testasse positivo, o que faríamos, quem iria, quem não iria, como solucionar, porque a vontade era mesmo ir, mas se não fossemos os cinco, seria sempre uma situação extremamente desagradável, colocando em causa todo o prazer da viagem.

Testávamos todos os dias. Mandávamos mensagens aos rapazes para se isolarem, não fazerem jantares ou convívios, adiámos jantares de Natal com os amigos, para não corrermos riscos. Enfim, foi uma altura de uma intensidade e medo, que ainda aumentava mais a vontade de ir de férias e estarmos os cinco juntos em paz e alegria, no calor.

Na semana anterior à partida, o meu filho mais velho foi ao centro comercial e jantou umas sandes, ou seja, retirou a máscara, com um amigo que acabaria por testar positivo à COVID-19 no dia seguinte. Não queria acreditar. Foram dias de um *stress* só, mensagens um pouco duras que apenas manifestavam a raiva que tudo poderia ir por água abaixo e a viagem não se iria concretizar, devido a uma ida às compras completamente inofensiva. Testou duas vezes ao dia e felizmente o vírus não lhe tinha atingido. Talvez porque ainda beneficiava da imunidade, por ter sido infetado, havia pouco mais de quatro meses.

Foram vários os episódios que poderiam ter colocado em causa a viagem por causa da COVID-19 e até embarcarmos, havia constantemente a ideia de que algo poderia acontecer e iria impedir a nossa ida ao México, embora não fosse sequer necessário certificado de vacinação ou teste negativo à COVID-19, para entrar no México.

Assim que aterrámos e verificámos que tínhamos conseguido, apesar de termos passado por dez horas e meia de voo, sentia uma alegria e uma sensação de concretização, que faziam ultrapassar todos os receios e angústias que tinha sentido nos últimos meses.

O Amor e a fé venceram!

Conseguimos chegar ao hotel às duas horas da manhã e

passadas cinco horas tínhamos de estar a tomar o pequeno-almoço para ir fazer um passeio a Cobá e a Tulum.

Questionava-me se iria ter energia. Ao contrário do meu filho mais novo, eu tinha dormido zero minutos no avião, como já é habitual, mas tinha visto uns quatro filmes e tinha-me emocionado imensas vezes. Estava realmente feliz porque estava a ir de férias com a minha alma gémea e com os meus três filhos.

Mas a felicidade dá energia e após um episódio caricato de não conseguir abrir a mala e até colocar a hipótese de não poder ir fazer a *tour*, pois não teríamos roupa para vestir - a roupa que trazíamos não eram adequadas, era de inverno em Portugal e estávamos com mais de 27 graus de temperatura exterior - lá revirei a mala e afinal o código estava correto, a mala é que estava ao contrário.

Às 7h30 lá estava o nosso guia, Rui, no ponto de encontro, na receção do hotel para um dia que tinha tudo para ser muito diferente. Já estava a sê-lo, pois em pouco mais de doze horas, abandonámos as malhas, casacos, botas e calças e vestíamos um biquíni, calções, um vestido de verão ou t-shirts e calçávamos havaianas, em pleno dezembro. Uma sensação maravilhosa que nos meus cinquenta anos nunca havia ainda experienciado.

Havia alguma expetativa para ir conhecer o templo que havia escolhido visitar no México. Longe de imaginar que iria adorar, porque não era o maior, não era o mais conhecido, mas fazia parte da visita que queríamos fazer ao Parque Nacional de Tulum, em Cobá, um sítio arqueológico correspondente a uma antiga cidade muralhada. Uma das últimas construídas e habitadas pelos Maias, este havia sido um dos maiores portos comerciais no estado de Quintana Roo, na costa do sudeste do México, na península do Iucatã.

Este Templo das Pinturas, também chamado Tempo dos Frescos, está enquadrado nessa cidade em ruínas, muito bem preservada. Como fomos muito cedo, havia muito pouca gente. Logo à entrada fomos presenteados com uma história de uma Deusa Ixchel, da mitologia Maia, e de um velejador espanhol que tinha sido capturado, tornado escravo e salvo apenas porque tinha olhos verdes e, por isso, os Maias achariam que seria um enviado dos Deuses. De nome Gonzalo Guerrero, acabou por casar com a Princesa da Água - Zazil Há, gerando, presumivelmente, as primeiras três crianças mestiças no México e nas Américas Continentais.

Estava um dia bonito, com um céu pintalgado de nuvens, que mais parecia algodão doce, nem muito calor, nem muito vento, apenas uma brisa que amenizava a temperatura que se fazia sentir e que iria aumentar ao longo do dia, apesar de ser inverno. O parque estava muito bem cuidado e àquela hora, ainda havia poucas pessoas, algo que quando saímos já não era uma realidade. A entrada, uma passagem da fortaleza, estreita e tão baixa que até eu tive de me abaixar, numa fortaleza que facilmente se transporia a pé nos de dias de hoje, abriam alas para um conjunto de ruínas restauradas a partir do século XX, com praias acessíveis. Este local deslumbrante, com as palmeiras que tipificam as Caraíbas, outrora havia sido um dos locais mais fortificados da cultura Maia. Numa encosta escarpada, era protegida por uma linha de coral que demovia os invasores de se aproximar da costa. Apenas os conhecedores conseguiriam encontrar a entrada, que seria iluminada por duas tochas colocadas estrategicamente nas janelas do castelo, e que guiariam, os navegantes comerciais, a entrar, em segurança pela única passagem do coral, como se de farolins de sinalização marítimas se tratassem.

O Templo das Pinturas é uma estrutura pequena, mas ao mesmo tempo espetacular. Está no centro de uma série de estruturas chamadas Templos e Palácios em ruínas, tudo muito pequeno e baixo, pois os Maias tinham e ainda têm uma estatura pequena, onde eu no meu 1,55m, senti-me bastante alta. Quando nos aproximámos, o Rui identificou-me o templo, que eu logo reconheci, pois já tinha visto várias fotografias. De repente, aparece uma borboleta enorme. Completamente laranja, parecia que estava a dar-nos as boas-vindas ao templo que eu havia escolhido visitar e retratar neste livro. Era uma borboleta-monarca segundo o Rui. Foi uma sensação espantosa; para mim ver uma borboleta, por si só, desde há uns anos para cá, tem um significado muito especial, uma sensação mística, de algo muito superior à nossa existência e à transformação do Homem e do Universo.

Após perceber que uma borboleta vive apenas entre duas a seis semanas fora do seu casulo, todavia, as monarcas que nascem desde os finais de agosto até inícios do outono, vivem cerca de 9 meses, percebi que a longevidade humana é gigantesca, comparativamente com um ser que nos transmite uma beleza e

uma tranquilidade ao observarmos o seu voo. Aquela borboleta teria uns 10 centímetros. Era enorme e era quase toda ela de um laranja muito vivo e linda, chamam-se Geração Matusalém e são as borboletas que emigram desde o Canadá até ao México e vice-versa. Ao procurar o que poderia significar uma borboleta laranja, encontrei que poderá ser um aviso que o tempo passa e que agora é tempo de cuidar e de aproveitar ao máximo as oportunidades. Significa ainda prosperidade, liberdade, alegria, amor, felicidade, saúde, proteção e sorte, tudo o que eu esperava ter naquele momento e nos anos seguintes para mim e para a minha família. Consegui até tirar uma fotografia à borboleta ao lado do templo, embora a fotografia não demonstre nem um pouco a grandiosidade do que o olho humano viu.

Estava deslumbrada e sentia-me uma felizarda por poder ter ali os meus filhos e o meu companheiro numa altura de pandemia. Parece estúpido, mas a minha sensação era de uma conquista imensa, ter conseguido chegar ali. Assim como os Espanhóis chegaram no século XV e os Maias que viviam naquela cidade, terem que a abandonar 100 anos depois, devido à elevada mortalidade provocada pelas doenças do velho mundo, levadas pelos invasores Europeus. Só que desta vez ninguém teve de abandonar nenhuma cidade ou a Europa. Nomeadamente a Alemanha e os Estados Unidos da América conseguiriam encontrar uma solução para a pandemia e salvar a humanidade.

Graças à evolução da ciência, quase todos nós estamos vivos após uma pandemia que tem afetado o mundo inteiro. Por isso, sentia-me super grata e abençoada, pois há cerca de vinte e dois meses, colocávamos a hipótese de ninguém conseguir sobreviver a este vírus - SARS-CoV-2.

Os Maias consideram o Templo das Pinturas como dois Templos, uma galeria na parte de cima e outra na parte de baixo, maior. Com várias figuras esculpidas, identificadas como o "Deus Descendente ou Mergulhador", como um humano se vê de cabeça para baixo, como se estivesse a mergulhar. Tem algumas colunas e na parte de cima a sua decoração consiste na impressão de mãos a vermelho.

Este edifício era usado pelos Maias como observatório para registar os movimentos do sol.

Segundo o Rui, o nosso guia da empresa Exploratours, a cultura

Maia era muito matriarcal e na sua mitologia há uma deusa Ixchel, a mulher Arco-Irís, a deusa do amor, da fertilidade, da água, da lua e da medicina.

Ao ouvir isso o meu sentimento foi de uma total identificação com esta civilização. Gonzalo Guerrero, o marinheiro espanhol que naufragou, havia sido poupado por ter olhos verdes e os seus outros dois companheiros haviam sido escravizados até à morte. Também eu tenho olhos verdes e também me chamo Gonçalo. Ao longo da minha vida, muitas vezes me chamaram guerreira, porque sou de uma determinação desmedida, quando me debato a favor das minhas causas e convicções e, dificilmente ou nunca, desisto.

Gonzalo tornou-se famoso por liderar uma guerra e colaborar com os Maias e como prémio foi-lhe dada a mão da filha de Nachan Can, um dos guerreiros mais temidos do Belize e que combateu as invasões espanholas. A sua filha era a Princesa da Água – Zazil-Há que veio a casar com Gonzalo e ambos tiveram três filhos.

O meu Deus é Jesus, mas facilmente seria uma Deusa Arco-íris, um dos milagres da natureza e visível muitas vezes. Sinto-me uma privilegiada por ter três filhos, todos eles saudáveis, pelo menos até agora, assim como eles também tiveram. Quantas mulheres nem conseguem ter um, mesmo após, recorrer a fertilizações *in vitro* ou vários tratamentos. No meu caso, até tive a bênção de engravidar naturalmente e levar uma gravidez a bom termo, com mais de quarenta e cinco anos de idade.

Esta deusa poderia ter hoje a minha devoção, pois o amor é o que me move. Adoro água, local onde tenho as minhas epifanias, quer seja no chuveiro, numa piscina ou no mar e agradeço à medicina por após esta pandemia estarmos vivos e aparentemente saudáveis, apesar de não saber que efeitos estas vacinas poderão ter no nosso organismo a médio e a longo prazo. Por agora, e com o conhecimento que tenho hoje, é um milagre da ciência, em tão pouco tempo os investigadores conseguirem encontrar uma solução para esta pandemia.

Os meus sentimentos são de gratidão e de bênção por ter tido a oportunidade de conhecer esta civilização Maia e por conhecer estas histórias, com os meus quatro homens, numa fase destas que o mundo está a atravessar, em segurança.

3

Templo Hindu Shri Sanatan, Londres – Reino Unido

Pouco tempo passou desde a última aventura. Longe de pensar que, após um mês, uns amigos que, por sinal, eles inauguraram um colégio no mesmo ano que eu em 2010, desafiavam-me para ir a uma feira de educação a Londres.

A capital do Reino Unido é uma cidade que me é muito familiar. Tirei um mestrado a oitenta quilómetros dela, em Luton e vivi nesse ano em Wendover, nos arredores, com uma grande amiga de nome Kay, que conhecia desde os meus seis anos de idade. Já lá tinha ido várias vezes em trabalho e também em lazer com a família e amigos. Ao início não me despertou atenção, mas com este projeto do livro e uma vez que poderia proporcionar uma viagem a alguém que trabalhasse comigo e ver o que estaria "in" no ramo da educação, começou a fazer algum sentido.

Ainda questionei a única colega da coordenação que ainda não tinha viajado comigo a Londres. Uma outra estava no último trimestre de gravidez e acabou ter o seu parto na semana anterior à nossa partida. Na iminência que ela me dissesse que não quereria ou não poderia ir, coloquei a minha ida na condição de ela ir comigo, pois viajar sozinha não tem qualquer piada. Os meus amigos viajavam do Porto e são um casal, além de que iriam mais dias do que eu poderia ir.

Qual foi a minha surpresa quando ela, sem hesitar disse logo que sim. Ainda lhe solicitei que perguntasse ao marido se via algum inconveniente, na esperança de que ele tivesse algum impedimento, mas poucos minutos depois, ela logo ligou de volta, com um – está tudo bem! Vamos lá para *London*.

Naquele momento uma viagem que não era para acontecer começou a tomar logo forma.

Num curto espaço de tempo marcámos os voos e o hotel. Depois organizámos um jantar para combinarmos as atrações a visitar e a que iríamos assistir. Tínhamos de ir a um musical e pelo menos uma visita a algo que a Mónica quisesse visitar, fora os locais *must-go* que tentaríamos passar numa caminhada. Nada melhor que num jantar para decidirmos o que fazer em Londres. Há que referir que esta minha colega e amiga é casada com um grande amigo do meu marido e que viveu a infância na mesma rua que eu quando eramos crianças, o Marco, mas que se cruzaram na atividade de andar de bicicleta, assim que o meu marido veio viver para o Algarve, um ano antes de eu regressar. Depois o Marco apresentou-me a sua mulher e anos mais tarde, quando decidi delegar algumas funções que tinha no colégio, a minha primeira opção foi ir buscar a minha amiga em quem confiava, para me acompanhar ao meu lado. Ou seja, este jantar seria mais um de amigos, muito comum ao sábado à noite, mas que estava muito escasso, devido à pandemia e ao risco de nos contagiarmos com a COVID-19.

Foi curioso que apresentei cerca de uns trinta musicais, na internet à Mónica. Depois falei-lhe de quando tinha levado os miúdos a Londres, havia cerca de uns nove anos atrás, tínhamos ido assistir a um espetáculo que se chamava *Something Like Hip-Hop* e que tinha sido absolutamente fabuloso e que esse teatro era na Portugal Street. A única condição que a Mónica tinha para escolher o musical seria que eu não tivesse visto. Também apenas tinha visto um dos mais famosos: *Fantasma da Ópera*, em Londres e o *Dear Evan Hansen*, em Nova Iorque, por isso ela tinha um bom número de hipóteses. Depois de analisar bem, escolheu o *Saturday Night Fever*, para minha grande admiração, pois achei que ela iria escolher algo como um *Lion King* ou um *Hamilton*, que seria o que eu escolheria. Mas maior surpresa tive eu quando fomos ver qual seria o teatro onde estava esse musical a ocorrer, imaginem só, na Portugal Street, o *Peacock Theater*. Foi um bom pronúncio.

Depois a Mónica escolheu mais uma atração, neste caso o *London Eye* e um pequeno-almoço no *Sky Garden*, este já com o Pedro e com a Sandra, os meus amigos do Porto, que me haviam desafiado e ficámos por ali. Afinal a visita era fundamentalmente

para ir à feira *Bett*, de educação e iríamos tentar combinar a mesma com alguma diversão.

Depois tive de pensar num templo para ir visitar. À primeira vista o que me ocorria seria ir à *St. Paul Cathedral*. Esta era a poucos minutos de distância a caminhar do *Sky Garden* e faria todo o sentido fazer a visita no sábado, após o pequeno-almoço, tipo *brunch*. Contudo, apesar de ser católica e nunca ter visitado a catedral, achei que faria mais sentido ir a um local diferente.

Procurei na internet os vários templos em Londres e surgiu-me um que me despertou a atenção pela sua beleza e arquitetura. Era hindu, o que me suscitou ainda mais curiosidade.

Sem saber como funcionaria a visita a um templo destes, enviei um e-mail a solicitar a permissão para entrar, ao que me responderam que poderia visitar num determinado horário e dias, o que era praticamente viável nos poucos dias que estaria no reino da Rainha Elizabeth II. Ficaria de analisar se iria conseguir ter oportunidade de o visitar, uma vez que ainda ficava um pouco longe do centro da cidade. Estava com a intenção de não programar nada e deixar o universo conduzir-me na viagem, da melhor forma, a fim de não criar expetativas.

Chegou o dia para irmos na nossa viagem. O nosso principal propósito era ir a uma feira internacional de educação. O que aconteceu em primeira instância.

No dia em que destinámos dirigirmo-nos para o templo escolhido, que ficava em *Wembley*, quando chegámos de metro a esta localidade, cerca de quarenta minutos do local onde estávamos a dormir. Caminhámos pelo passeio, numa área muito movimentada de carros, até ao templo. Quando estávamos a chegar a Mónica assustou-se com um pássaro enorme que nos sobrevoou muito próximo do lado dela.

No caminho, no nosso lado esquerdo do passeio, havia casas pequenas típicas inglesas, com uma porta e uma janela no rés do chão e duas janelas no primeiro andar, uma por cima da porta e outra ao lado, cobertas com um pequeno telhado. Todas elas quase iguais, diferindo apenas na cor e com uns três degraus entre um pequeno pátio ou jardim. Um muro baixo servia de separação para o passeio e todas as casas tinham um pequeno portão. Por todo o lado permanecia um odor a caril sempre presente, o que indicava

a presença de restaurantes indianos e a predominância de uma comunidade indiana naquela localidade.

O pássaro que nos acompanhava era de um tamanho muito acima da média, mais de meio metro desde a cabeça até ao fim da cauda, quase como uma gaivota ou um pato sobrevou as nossas cabeças e voou ao nosso lado durante algum tempo. Foi lindo e ao mesmo tempo surpreendente, pois não havia mais pássaros à sua volta. Esta ave de cor branca e preta, com um bico preto, e com uma cauda enorme azul, também era gigantesca para um pássaro de cidade. Acompanhou-nos durante uns minutos, a voar ao nosso lado e a pousar nas várias casas que passávamos.

Era quase como se nos estivesse a dar as boas-vindas. Fiquei tão ou mais surpreendida do que a Mónica, mas nem sequer tive ação para tirar a máquina fotográfica para o fotografar. Demorei a assimilar que poderia ser um sinal de que estaríamos no sítio certo e que poderia estar relacionado com a nossa visita. Quando discorri que deveria registar o momento e aprontei a máquina, já o pássaro tinha voado para uma chaminé perto. Esperei que ele voasse para conseguir tirar-lhe uma fotografia, mas a ave não estava preparada para isso. Então foi quando me lembrei que o pássaro poderia ser o meu anjo da guarda e verbalizei – "se fores o meu anjo da guarda, voa". Foi quando ele voou e eu consegui tirar-lhe uma fotografia, ainda que muito ao longe. Coincidência ou não? Fica a questão.

Não fazia ideia de que pássaro seria, mas estávamos a menos de cinquenta metros e a nossa missão seria dedicar-nos ao Templo Hindu Shri Sanatan.

Logo ao longe era curioso. Estamos habituados a ver os templos nas cidades como grandes edifícios, com grandes torres visíveis de qualquer ponto da cidade. Não era o caso. Era um edifício baixo muito bem enquadrado em casas de primeiro andar típicas de um bairro inglês, daquela localidade de Wembley, nos subúrbios de Londres.

Este templo, que foi terminado em 2010, é deslumbrante pelas suas paredes, cúpulas e todo ele de cor de areia. Aparentemente como todos os templos hindus é baseado na escritura do Shilpa Shastras, a ciência de Shilpa, que são manuais que descrevem as artes e ofícios e as suas regras, princípios e normas de conceção

da escultura e arquitetura hindu, regras desde a carpintaria, pintura, estátuas e murais de pedra, têxteis, entre outros, em que tudo é definido na arquitetura.

O templo é quase quadrado em planta, alinhado com as suas portas principais voltadas para leste. Possui um arco sustentado em pilares que igualmente servem de portão de entrada ao espaço exterior do templo. Quase todo o edifico é geométrico e baseado em quadrados, com apenas duas cúpulas redondas, todas as outras são em forma de pirâmide, com vários arcos para janelas e portas. Este templo possui onze templos internos e vinte e nove santuários menores, que abrigam um total de quarenta e uma divindades.

Na frente encontra-se uma grande escadaria que é vista logo do passeio no exterior do templo, com uma porta principal e duas adjacentes menores. Por baixo das escadas, na sua lateral esquerda encontra-se uma outra entrada, por onde nós entrámos no templo.

Nenhuma peça de aço ou metal foi usada no templo, nem mesmo um parafuso metálico. Por razões espirituais, os materiais de ferro são considerados pouco auspiciosos na cultura hindu, permitindo apenas cobre, prata ou ouro.

Já dentro do espaço exterior o sentimento que tive foi um forte aperto do coração, como que uma angústia, sem conseguir perceber porquê. Algo que não sentia até lá chegar.

Aliás, todo o tempo que lá estive, desde que entrei, tive sempre uma emoção forte de ansiedade, preocupação, apreensão, inquietude sem qualquer razão para tal, salvo quando terminei o ritual de abençoar o Shiva e na observação ao espelho, algo que explico mais à frente.

Aos olhos o que víamos era belo, organizado, tudo geometricamente pensado e construído. Contrariava com o meu sentimento, uma vez que a organização costuma dar-me um sentimento de calma e tranquilidade.

Do lado esquerdo do edifício encontrava-se uma tenda branca, onde entrámos. Lá dentro tinha uma pequena capela onde muitas pessoas entravam e faziam um ritual. Lá não era permitido tirar fotos, o que também não era permitido dentro do templo.

Nessa capela, encontrava-se um pequeno altar onde estavam duas divindades, um Deus Hindu - Shiva e Parvati, a sua mulher.

Shiva é um dos deuses supremos do hinduísmo, conhecido também como "o destruidor e regenerador" da energia vital; o seu nome significa Auspicioso, ou seja, aquele que dá esperança, aquele que faz o bem. Shiva também é considerado o criador do Ioga, devido ao seu poder de gerar transformações, físicas e emocionais, em quem pratica a atividade.

Várias pessoas entravam nessa tenda, retiravam os sapatos e entravam na capela e regavam as estátuas das divindades com leite e com água. Acompanhei alguns dos visitantes e fui observando o ritual à distância.

Ao fim de algum tempo decidi fazer o mesmo, copiando o que o devoto havia feito.

Os devotos despejavam um copo de água em cima de Shiva, seguido de dois copos de leite e novamente um copo de água. Oravam também um mantra de "Om Namah Shivaya". Na altura não percebi muito bem o ritual, mas fiz tudo o que o outro devoto havia feito. No fim, senti-me bem e tranquila, apesar de não compreender o objetivo. Havia um senhor ao lado do altar como um segurança, que foi muito simpático e que me deu indicação do número de vezes que deveria regar o Deus Shiva e com que taças.

Após estudar o ritual, compreendi que o leite de vaca é um condutor de energia positiva que flui no corpo de Shiva, o que irá tornar o devoto forte mentalmente, físicamente e emocionalmente. A recitação do mantra "Om Namah Shivaha" é entendido como benéfico no tratamento de todas as doenças físicas e mentais, trazendo paz ao coração e alegria à alma.

Achei muito interessante quando conheci que o Senhor Shiva era um Deus de pavio muito curto. Quando abria o seu terceiro olho, ele conseguia colocar todo o Universo em causa, repleto de raiva. Colocando leite em cima dele constantemente, os devotos garantiam que a cabeça de Shiva seria mantida sempre fresca e mais calma, livre de revolta.

O curioso é que desde a minha infância e durante muitos anos eu sempre fui muito impulsiva, até havia uma empresa onde trabalhei em que me atribuíram a alcunha de "furacão". Até que, em 2004, altura em que conheci a ciência da inteligência emocional e sujeitei-me a um *Emotional Competence Inventory* (ECI) pela

mão da Sofia Calheiros. Convidei cerca de quarenta pessoas que me rodeavam, desde fornecedores, clientes, colegas, chefias, colaboradores, amigos e até familiares que teriam de responder a um conjunto de mais de cinquenta questões sobre mim de forma anónima, resultando num relatório sobre como era observada pelos outros, por categorias.

O relatório foi fabuloso em termos de autoconsciência e havia sempre um ponto comum nas várias categorias, em que tinha a necessidade de desenvolver uma competência emocional: o autocontrolo. Deu-me a noção clara que os outros me viam como tal, o que para mim não seria tão mau, mas por vezes tinha um impacto terrível nos outros. Abriu-me os olhos e tentei gradualmente trabalhar essa competência em mim, tentando regular o meu comportamento disfuncional. Tentei também compreender quais eram os meus gatilhos, dissolvendo a sua importância e tornando-os menos importantes e até por vezes insignificantes, minimizando a minha reação perante os mesmos.

Foi um longo caminho. Hoje passados mais de dezoito anos, acredito que essa autoconsciência que tive nesse ano foi transformador, mesmo *life changing*. Foram várias horas de terapia e *coaching*, horas de trabalho individual no sentido de perceber quais eram os fatores que tinham gerado a minha criança sombra, que me tinha criado uma série de defesas, fruto das minhas vivências de infância e juventude. Estes fatores foram determinantes para ser a pessoa que sou. Criaram em mim a resiliência e a coragem de procurar concretizar os meus desejos e as minhas intenções em prol de um bem comum. Também tinham criado uma série de defesas para preservar a minha subsistência, a minha integridade e quando algo ou alguém colocasse em causa esses valores, tornavam-me animalesca e completamente irracional.

Foi necessário desmitificar a minha criança sombra, a minha criança interior, para perceber que isso foi necessário no passado, que pela vida emancipada que tinha tão precocemente, tornou-me uma mulher forte, resiliente, corajosa, mas na realidade de adulta não fazia qualquer sentido. Nem tudo o que parecia uma ameaça, seria mesmo um ataque à minha integridade, à minha pessoa ou dos que me rodeiam.

Acredito que existe imensa gente que por força da sua infância

e até juventude criou defesas, proteções que no estado adulto não fazem qualquer sentido. Reagem perante determinados eventos de uma forma defensiva, quando o contexto nada de agressivo ou atacante tem. Estas pessoas deverão procurar ajuda profissional para resolver estas questões, no sentido de resolver a sua saúde mental consigo e na relação com os outros. Não há culpados; há situações que existiram e que ajudaram numa quantidade imensa de contextos, mas que por outro lado, deixam marcas que se não forem tratadas irão condicionar o nosso comportamento para com os outros, outros esses que podem ser os nossos companheiros, os nossos filhos ou até os nossos colegas de trabalho, que nada têm a ver com a nossa infância e com os nossos fantasmas. Acabam por sofrer connosco. Têm dificuldade em fazer empatia, pois não viveram e não conhecem o nosso passado e não nos conseguem ajudar, assim como, nós também não conseguimos ajudar, sem nos ajudarmos primeiro.

Ao mesmo tempo, cada vez mais, acredito que somos nós que escolhemos a família onde vamos nascer. Isto porque, se eu tivesse tido um lar super convencional, repleto de mimo, respeito, proteção e amor, não teria tido necessidade de crescer tão precocemente. De criar uma máscara de proteção, não teria tido a necessidade de criar um conjunto de ferramentas para me desenvolver e desenhar um percurso que me desse garantias de ser bem-sucedida e provar junto dos machos que tinha em casa que uma mulher pode ser autónoma e completamente independente, sem necessidade de recorrer a um pai, irmão ou marido, seja para o que for, tudo diferente do que me era apresentado em casa.

Este é um pensamento que tenho hoje. Possivelmente há dezoito anos não via tal conceito, mas hoje não tenho qualquer dúvida que o meu percurso foi determinado pela necessidade que eu tinha que provar a qualquer homem que me rodeasse e, até ao meu pai, que uma mulher consegue fazer tudo o que deseja, tudo o que imaginar. Basta desejar, mesmo que tenha um pai que diz isso não é próprio de uma mulher ou que a sociedade diga que a mulher não pode, mesmo que não tenha qualquer referência feminina, por não ter tido grande educação da mãe, que foi o meu caso.

Voltando ao templo Hindu Shri Sanatan, após aquela capela,

onde reguei o Deus Shiva, dirigimo-nos para uma porta na lateral das escadas principais. Tivemos de retirar novamente os sapatos, e subimos umas escadas em forma de caracol para o nível que seria o principal.

Neste templo e, em larga escala, havia uma grande quantidade de divindades femininas existentes nos pequenos templos, muito superior às masculinas, havia também muita impetuosidade, luxo, riqueza, brilhos, flores de lótus, cobras e outros sinais de superioridade. Muitas das divindades tinham várias cabeças, ou vários braços ou até apenas várias mãos.

Estas divindades ou deuses são considerados os santos dos Hindus, que trazem prosperidade, saúde, autoconfiança, autoestima e proteção contra doenças, entre outras benções.

Algo que me saltou à vista, é que não existe racismo no hinduísmo. Isto porque há deuses de cor negra e também há um deus com o corpo humano e com cabeça de um elefante. De acordo com a mitologia hindu, é filho de Shiva e Parvati, de seu nome, Ganesha, que significa o deus que proporciona a abundância e o sucesso, o mestre da sabedoria. Por isso também, esta divindade é encontrada sempre na porta de todos os templos hindus e nas portas das casas dos hindus, como o seu protetor.

Todo o templo no seu interior tem de ser visitado descalço e é circundado por vários pequenos templos, onde estão os seus onze deuses ou divindades, como quiserem chamar-lhes. Cada um tem o seu significado: desde o Shri Rama Darbar que nos ensina a percorrer o caminho do dharma, da felicidade e da integridade. Ele era um rei ideal, filho ideal, marido ideal e um protetor supremo para os seus devotos.

Todo o Rama Darbar é uma representação simbólica do nosso eu. Temos várias partes de nós próprios: o corpo, a mente, a inteligência e a alma.

No centro desses pequenos templos, temos uma grande e ampla sala, atapetada com formas geométricas e cores vivas onde deve haver a prática de meditação de forma regular e diária.

O mais interessante é que, em todas as religiões que até agora se cruzaram no meu percurso, os valores são muito comuns, desde a integridade, a solidariedade e a verdade. O Hinduísmo, principal religião na India, não foge à regra e tem como principais

características o respeito pela antiguidade e tradição, a confiança nos livros sagrados, a crença em Deus sob alguma forma e a sua adoração. Cada vez mais acredito que pode haver vários Deus e que o mais importante é ter uma crença, seja em que Deus for.

Voltando ao nosso pássaro do início da visita, na hora do almoço procurámos na internet e encontrámos que o pássaro que havíamos visto: era um *magpie* (ou pega em português), muito comum no Reino Unido. Contudo, com o que havíamos tido contacto era de facto muito grande.

Quando pesquisámos sobre o *magpie*, foi uma descoberta surpreendente, pois trata-se de um dos animais terrestres mais inteligentes à face da terra. São da família dos corvos-marinhos, mostram um QI - coeficiente de inteligência - extraordinariamente elevado, são corajosos e altamente engenhosos. Em muitos testes e experiências realizadas com estas aves, verificou-se que podiam imitar a fala humana, jogar jogos, lamentar-se e trabalhar em equipa. Além disso, eram também capazes de fazer ferramentas e de as utilizar.

Embora os humanos não tenham dificuldade em reconhecer-se ao espelho, esta característica não é tão comum no reino animal. Em várias experiências realizadas em animais, verificou-se que apenas algumas espécies raras eram capazes de o fazer: quatro espécies de macacos, os golfinhos nariz de garrafa, os elefantes asiáticos e as *magpies* euro-asiáticas.

Como as *magpies* são os únicos animais não mamíferos que têm a rara capacidade de se reconhecerem ao espelho, são simbólicos de autoconsciencialização.

O mais curioso foi que quase no fim da visita ao templo havia uma mesa redonda de madeira, com um espelho como tampo, que nos convidava a olharmo-nos nesse espelho com a regra de não lhe tocar, através de uma folha A4. Exercício que fiz e, claro, como autocrítica que sou, identifiquei uma série de características menos positivas do meu rosto, fruto dos cinquenta anos que tenho. Todavia, numa segunda observação registei o teto do templo por trás da minha cara, onde figuravam um conjunto de figuras geométricas quadradas, muito bem organizadas, que era o sinónimo do teto de todo o templo.

Coincidência ou não, desde pequena que quando estou mais impaciente ou estou a tentar acalmar-me ou concentrar-me em algo, uma das coisas que faço é desenhar um sem número de quadrados numa folha. Aquela imagem da minha cara com aquele fundo, deu-me alguma serenidade que até ali não tinha sentido durante quase toda a visita ao templo.

Na hora do almoço e, ao descobrirmos que o pássaro que nos tinha guiado ao templo, era um dos poucos animais que se conseguia reconhecer ao espelho e que por sua vez, no fim da visita, ambas nos tínhamos visto a um espelho, considerámos que havia uma relação direta. Hoje, ao escrever, acredito que nada é por acaso e que ambas estamos a desenvolver uma autoconsciência das nossas emoções, que irá ser determinante para o nosso autoconhecimento e para a nossa sabedoria na melhoria das relações connosco e com os outros.

Segundo Daniel Goleman, o pioneiro da inteligência emocional e social, a autoconsciência das nossas emoções é das competências emocionais mais importantes no ser humano, sendo a base de partida para todas as outras. É primordial, quer para nos conhecermos e conseguirmos evoluir, quer depois na relação com os outros, ou seja, na autogestão, na consciência social e na gestão dos nossos relacionamentos com os outros, desenvolvendo a tão determinante e fundamental empatia.

Com base nesta descoberta do pássaro que nos sobrevoou e acompanhou, do espelho que nos convidou a olhar para nós próprios e da autoconsciência transmitidos pelos vários símbolos que me foram apresentados ao longo da visita a este templo, só posso dizer que não há coincidências e que, de facto, o meu anjo da guarda estava presente naquele dia do mês de março. Estou imensamente grata por ter sido possível conhecer esta religião com mais profundidade, graças a este templo aqui tão perto do local onde vivo e no nosso mundo Ocidental. Esta religião não tem assim valores tão diferentes dos da religião cristã.

4

Igreja Our Savior, Copenhaga – Dinamarca

Esta viagem tinha como objetivo conhecer uma cultura desenvolvida, tida como um exemplo para os Europeus, juntamente com o meu marido e filhos, para que todos aprendêssemos um pouco mais como poderíamos viver melhor e com sabedoria.

Acabou por ser muito mais que isso.

Já conhecia Estocolmo, uma das cidades escandinavas que até à data me inspirava de uma forma extremamente positiva. Recordava sempre com uma das cidades mais bonitas que havia conhecido, não sei se por quando lá estive, apesar de ter sido em abril e toda a gente me ter informado que iria ter imenso frio, por isso fosse prevenida com várias camadas de roupa, acabou por ser um fim de semana prolongado em que usava manga curta e esteve sempre sol, o que fez com que a cidade ainda parecesse mais bonita.

Esperava, apesar de saber que não deveria ter qualquer expetativa, pois há uma forte probabilidade de não se concretizar, que fosse uma cidade educacional para os meus filhos e que criássemos memórias todos juntos em família, o que acabou por se verificar.

Ao longo da minha vida, fui aprendendo que é seguro planear tudo, com o maior rigor possível e seguir à risca o planeamento. Dizia muitas vezes que até tinha uma costela alemã, apesar de não conhecer ninguém na minha família que tivesse essa proveniência. Aprendi algures na escola que os alemães demoram cinco anos a planear um carro e apenas uns dias a produzi-lo. Em contrapartida, que o português não planeava absolutamente nada e que tinha

sempre o plano B, que é "logo se vê". Queria sempre contrariar esta tendência, pois queria fazer tudo certo, contrariar para o que estava destinada: o fracasso, o insucesso.

Foi uma crença largamente desenvolvida e estimulada ao longo de mais de trinta anos, até que a minha coach Ângela em 2020 começou a questioná-la e comecei eu também a colocá-la à prova, no que diz respeito à minha vida pessoal. Nas coisas práticas, ou seja, na minha vida profissional, ainda, e julgo que continuará a ser, muito estruturante e uma garantia que estou a fazer o correto para toda a gente, onde ponderei várias variáveis para uma concretização positiva.

Era e ainda é difícil abandonar o que era seguro nas viagens, o que eu conseguia planear, desde horas, locais a visitar até reservar hotéis, uma vez que íamos para locais desconhecidos e queria ver o mais possível, no menor espaço de tempo, ou seja, otimizar a viagem o mais possível.

O ano passado, numa das viagens para celebrar o meu aniversário em outubro, realizei pela primeira vez uma viagem com o meu marido, em que apenas reservei o primeiro hotel e aluguei um carro ainda em Portugal. Tínhamos previsto fazer uma *road trip*, num país altamente civilizado, a Suíça, numa altura de temporada baixa e ainda em plena pandemia, o que nos dava alguma garantia que fosse correr bem. Foi a primeira vez que o fizemos. Íamos decidindo qual a cidade a visitar, assim como, o hotel a ficar no dia seguinte, sempre na noite anterior, através do Booking. Para mim foi uma verdadeira aventura, mas foi o início, do que eu agora chamo *Let it go with the flow*. É escusado dizer que correu super bem e quer eu, quer o meu marido, tirámos o maior partido destas decisões à última da hora. Fomos também condicionados pelo clima que se fez sentir, o que nos impediu de visitar alguns locais que tínhamos interesse, mas em contrapartida nos levou a locais magníficos, que de outra maneira, possivelmente, não teríamos visitado.

Na viagem a Copenhaga aconteceu uma coisa curiosa, no avião. Os meus filhos, como é habitual, começaram a fazer uma série de perguntas sistemáticas – Mãe, o que vamos fazer amanhã? Onde vamos jantar? O hotel onde vamos ficar é fixe? Ora, eu já tinha previsto alguns sítios onde poderíamos ir jantar; afinal eramos

cinco e com uma criança de quatro anos. O hotel estava marcado para os dias todos em que lá íamos ficar, mas estava concentrada no deixar andar e ver para onde a viagem nos levaria.

Num jeito de desafio e com uma atitude até de algo amuada, uma vez que eles também tinham o objetivo de me picar com as perguntas sucessivas, como que indicando – "Ela já planeou isto tudo até ao ponto que não temos margem nenhuma de querer ver, seja o que for, está tudo desenhado", ao que eu respondi – "Ok, eu não tenho nada planeado, por isso amanhã vamos andar por onde vocês quiserem, faremos a visita à cidade como vocês quiserem." Ao que eles responderam, prontamente – "já amuou", algo que eu não faço desde os meus sete ou oito anos, pois não tinha espaço, nem hipótese de o fazer, pois ninguém me iria dar grandes ouvidos ou atenção.

Mas estava determinada a provar a um jovem de dezanove e outro de dezassete anos que era capaz de ir ao sabor deles, de visitar a cidade da forma que eles quisessem e até nem tinha decidido qual o templo a visitar ou a descrever para o meu livro. Atenção que na altura foi desafiante para mim, contudo tinha a ideia de que dos três dias que iria estar na cidade, poderia dar-me ao luxo de que mesmo não víssemos nada de interessante nesse dia, ainda teria mais dois para cobrir os *must see* em Copenhaga.

E assim foi, no dia seguinte, após tomarmos o pequeno-almoço, decidimos em conjunto que para melhor conhecer a cidade, com um pequeno de quatro anos, seria melhor alugarmos bicicletas no hotel, uma vez, que ainda por cima, este não era muito central. Já íamos preparados com o carrinho do Salvador, pois nas grandes cidades é habitual caminharmos dezenas de quilómetros e não estava a ver o pequeno aguentar essas distâncias, sem se queixar e colocar em causa o nosso passeio. Mas não foi preciso. Como é típico de uma cidade altamente civilizada, as crianças e os idosos são sempre pensados e então algumas das bicicletas do hotel tinham uma espécie de *side car*, mas colocado em frente da bicicleta, o que foi de uma utilidade extrema e que possibilitou percorrermos o centro da cidade, sem qualquer rumo, sem qualquer mapa. Passámos pelo menos duas vezes pelo mesmo bairro e até passámos ao lado da Pequena Sereia, sem nos apercebermos que ao lado estava o monumento mais simbólico da cidade e o que nos forçou a ir lá

da parte da tarde com a ajuda do *Google maps*, encontrando em primeiro plano, a Pequena Sereia, geneticamente modificada e só depois a genuína, o monumento mais visto da cidade, mas só com a ajuda do mapa.

Mas foi muito giro. Os meus filhos perceberam, pelo menos que temos de ter um rumo e ter uma ideia da cidade. Para mim foi uma experiência rica, deixar-me levar por eles, sem qualquer ideia de para onde estaria a ir. Havia alguns monumentos que estavam na rua imediatamente paralela à que estávamos e outros, sem sequer lá ir, como o Palácio da Rainha, ou como a Ópera, que conseguia ver-se ao longe e que já conhecia de anteriores pesquisas.

O curioso e, porque não tinha decidido qual dos templos que iria escrever, havendo três ou talvez mais, pois não tinha feito uma pesquisa exaustiva, os meus filhos e marido conduziram-nos para um local onde estava localizada a Igreja de Mármore ou Frederick's Church, a qual reconheci de imediato pela imagem de fora, pela sua enorme cúpula verde, de estilo barroco. Parámos as bicicletas para podermos entrar. O que foi mais fabuloso é que naquele momento estava a passar o render da Guarda da Rainha, mesmo à frente da igreja. Os guardas que acompanhavam o desfile ainda se chatearam com o Salvador, o meu filho mais novo, e comigo, pois não o retirei da frente da parada e ele estava a atrapalhar o seguimento da guarda, como qualquer criança, espantada a ver um conjunto de soldadinhos com calças azuis claras, com largas riscas brancas na lateral, casacos azuis escuros, botões prateados redondos tão alinhados quanto eles, luvas brancas, com uma arma de fogo na mão esquerda, com uns coletes de fitas brancas a cruzar à frente e a segurar uma carteira e uma espada na parte de trás, e com uns capacetes pretos felpudos, alinhados a marchar e a desfilar na rua.

Para mim naquele momento seria o sinal que deveria escrever sobre aquele templo. Entrei e não senti nada de especial, o que me levou a pensar - Não, não é este... e mais uma vez deixei-me levar, contrariando a minha essência de controlar tudo, de liderar tudo, de planear tudo. Não me enganei; o melhor estava reservado para depois.

Como no dia anterior, andámos ao sabor do vento e no dia seguinte íamos a um parque de diversões no centro da cidade, deixámos os lugares de destaque para o último dia disponível

na cidade. Era Domingo de Páscoa, então quando fomos alugar as bicicletas, não havia nenhuma disponível com a caixa para o Salvador. Não era viável andar a pé, pois a cidade, apesar de plana, é bastante grande e havia ainda muita coisa para ver que não tinha sido vista no primeiro dia. Tinha olhado para um mapa em papel e marcado os locais que nos faltava ver, onde estavam dois templos: uma igreja com o nome de Grundtvig's Church e uma outra de nome Church of Our Savior.

Todas as tentativas para alugarmos bicicletas falharam, pois ou estavam avariadas ou não havia nenhuma com caixa ou com a cadeirinha na parte de trás para o Salvador. Nós precisávamos de três normais e uma com caixa ou cadeira de criança atrás. Mas como a persistência ou teimosia (como quiserem chamar-lhe) é o meu nome do meio, além de que o meu marido ao fim de quase vinte e cinco anos juntos também já foi largamente influenciado, insistimos com o rapaz da receção, que conseguiu arranjar-nos as bicicletas no hotel ao lado, mas que também pertencia ao nosso; era como se fosse um irmão do nosso hotel. E lá fomos nós para o nosso rumo, desta vez minimamente orientado, mas apenas com *must sees*.

Copenhaga é uma cidade costeira com alguns canais, por conseguinte, com imensas pontes, todas elas diferentes. É uma cidade extremamente preparada para a circulação de bicicletas, com semáforos e corredores específicos para este meio de transporte. A igreja que queríamos visitar ficava num bairro residencial denominado Christian King (Christianshavn), um dos mais pitorescos da cidade. Assim, atravessámos a ponte mais perto do nosso hotel e facilmente chegámos à igreja Church of Our Savior, traduzindo a Igreja do Nosso Salvador. Por fora é bonita, do estilo barroco, com as paredes em cor de tijolo, típico da cidade e muito comum. Parámos as bicicletas dentro dos portões e vedação em ferro. A igreja tem uma torre espiral que vai estreitando com quatrocentos degraus, sendo cento e cinquenta desses no exterior, no seu topo possui um globo dourado que brilha a uma grande distância, com uma figura de Cristo com o tamanho de quatro metros, empenhando um porta-estandarte. Com até quarenta e oito sinos, o carrilhão toca diariamente as suas melodias delicadas sobre a vizinhança.

Assim que entrámos nos portões, senti uma sensação muito

boa: havia árvores e as poucas pessoas que ali estavam pareciam muito descontraídas.

Entrámos os cinco dentro da igreja e a sensação foi de deslumbramento. Nunca havia visto uma igreja com tanta luz natural, com uma sensação de energia positiva inigualável. A igreja tem janelas enormes de ambos os lados, apesar do céu estar um pouco encoberto nesse dia, a luz dentro da igreja era algo inexplicável. Com um pé direito de trinta e seis metros, tinha bancos corridos castanhos-escuros de ambos os lados, com portas, como se de pequenas divisões se tratassem, algo altas, com mais de 1,20m, o que poderia causar alguma divisão ou separação. Mas não se sentia isso, sentia-se união. Na frente tínhamos um altar lindo com três degraus de madeira castanha, uma divisão com bastões de madeira brancos, em que em cima tinha estátuas brancas dos arcanjos Miguel, Gabriel e Uriel ao centro com as suas grandes asas, ladeados de outros arcanjos.

No centro do altar com um fundo azul, lembrando o céu, encontrava-se mais um anjo segurando no colo Jesus, com outro anjo a servir um cálice dourado a Jesus. No cimo encontrava-se vários anjos bebés a decorar o que parecia raios de sol de várias dimensões. As figuras centrais no altar mostram a cena enquanto Jesus reza no jardim do Getsémani, na noite de Quinta-feira Santa. Os seus amigos e discípulos adormeceram após uma bela refeição com bom vinho enquanto Jesus reza a Deus: "Deixai passar este cálice de mim".

Jesus sabe que será feito prisioneiro, torturado e levado a uma morte dolorosa numa cruz. Mas a sua natureza humana procura evitar o seu destino. Deus responde-lhe de duas maneiras: um anjo desce do céu carregando o cálice amargo. Ele tem de cumprir o seu destino amargo. Mas outro anjo vem da esquerda para o apoiar - um anjo da guarda.

Uma imagem linda e que transmite uma tranquilidade e beleza únicas.

Porque não havia estudado nada sobre esta igreja ou sobre a prática religiosa dos Dinamarqueses, estranhei a ausência de estátuas de santos. Apareciam sim anjos por todo o lado e no lado esquerdo da igreja, a figura de um quadrado composto por balaústres constituídos por anjos com coroamentos, com uma pia

batismal no centro, o que fez as delícias do meu Salvador, que em inglês significa Savior, pois os anjos eram do tamanho dele, em pedra mármore com um topo dourado, assim como os seus suportes também eles de pedra em tons de mármore e dourados.

Ao virarmo-nos de costas para o altar, ou seja, no sentido da saída, encontrámos um órgão enorme de tubos suportado por dois elefantes brancos com um manto azul, cada um, um dos maiores órgãos que já vi em toda a minha vida. A magnífica fachada da caixa do órgão na parede oeste da igreja é um dos instrumentos musicais mais fotografados do mundo. A caixa de órgão de três andares contém um instrumento maravilhoso construído pelos irmãos Botzen em 1696-98. Um órgão destes tem uma expressão visual e audível, possuindo um som grande e elegante, tendo sobrevivido a incêndios e bombardeamentos.

A sensação de que todos tivemos foi a de que era um espaço extremamente acolhedor, tranquilo. Os meus filhos Vasco e Tomás alojaram-se nos bancos em frente aos seus telefones e aparentavam uma calma surpreendente. O Salvador por sua vez, deitou-se nas escadas do altar e levantou as pernas, como se em casa estivesse deitado na sua cama e sorria, demonstrando uma felicidade fabulosa.

Aproveitámos para tirar muitas fotografias, sentíamo-nos em casa, com uma serenidade e paz como eu penso que nunca me havia sentido em alguma igreja. Mesmo no espaço de Fátima, onde vou imensas vezes, existe um recolhimento maior; mesmo com muitas pessoas, existe um maior silêncio, onde se ouve as pessoas a rezar, existe uma paz, mas algo pesada. Aqui era leve, muito descontraída, apesar de estarem algumas pessoas no seu interior a visitá-la.

De repente, o Salvador disse que tinha de ir à casa de banho e não via qualquer sinal que indicasse a mesma, então dirigi-me a uma senhora que estava a falar com um casal. Achei que ela tinha algo a ver com a igreja, pois tinha uma túnica comprida preta e uma gorgeira em tela branca armada, também usada por Luís de Camões. Ela indicou-me que a casa de banho era à entrada da torre de espiral, noutra porta, diferente da porta da igreja. Ainda disse num perfeito inglês e com uma simpatia fabulosa, que apesar da igreja ser enorme, não tinha casa de banho no seu interior.

Foi o momento para perceber que a missa de domingo de Páscoa tinha mesmo acabado naquele momento - a surpresa das surpresas - aquela senhora era a pastora da igreja! Sim, uma senhora de nome Marlene Lindsten que tinha acabado de rezar a missa de domingo de Páscoa e que nós tínhamos acabado de perder. Duvido que os meus filhos tivessem a disponibilidade para assistir à missa e por isso seria para mim difícil de os convencer a fazê-lo. Por isso acho que tudo correu conforme o que teria de ser. Isto porque, a minha experiência de os levar em Brooklyn, ainda só com os mais velhos, para assistir a uma missa evangélica com música e cantos gospel, já tinha servido para verificar que a sua resistência a eventos religiosos era baixa, sem contar que agora tinha um com quatro anos de idade. Apesar desta última missa nos Estados Unidos, ter sido uma animação do início ao fim, uma experiência única que sugiro a todos vivenciar.

Até hoje foi a igreja onde me senti melhor em toda a minha vida, fiquei mesmo com uma sensação de deslumbramento e de gratidão, por ter a oportunidade de visitar um espaço assim.

Fiquei ainda mais interessada em conhecer a religião praticante numa igreja onde não havia santos. Mas é cristã, trata-se da religião Luterana, fundada por Martinho Lutero, que ensinavam que a salvação vem pela graça de Deus e pela fé somente em Cristo e nada mais.

Reconhece a Santíssima Trindade e acredita que Jesus é o nosso Senhor e Salvador, sendo o evangelho a Palavra de Deus. Ao contrário da religião Católica, os luteranos têm apenas dois sacramentos, a Sagrada Comunhão e o Batismo de crianças adultos, enquanto a católica tem sete sacramentos: batismo, reconciliação, sagrada comunhão, confirmação, matrimónio, santa ordem e sacramento dos doentes. Os luteranos não reconhecem a autoridade do Papa como a sua autoridade máxima e para minha surpresa, não acreditam em Maria e nas intercessões de pessoas santas, como os católicos acreditam, assim como estes últimos acreditam no purgatório e os luteranos não, não sendo necessário ter fé nas boas ações, sendo apenas necessário ter fé em Deus, para que a salvação seja alcançada.

Ao longo dos anos, reconciliar a crença dessas duas religiões falhou consideravelmente. No entanto, ambas ainda podem estar

em harmonia se um aprender a respeitar o que o outro acredita, porque ser Cristão é ser semelhante a Cristo e ambas têm a base Cristã.

Seria impossível ficar indiferente ao facto de a igreja Luterana nomear mulheres como pastoras, ao contrário da igreja católica, que permite apenas homens e ainda por cima, celibatários. Esta religião veio tentar "modernizar" a religião cristã e apesar de me surpreender negativamente com o facto de não seguirem os santos, pois para mim Nossa Senhora de Fátima ou mesmo o S. Gonçalo, são referências para a minha fé. O facto de terem pastoras mulheres, com família – a Marlene, é casada tem dois filhos pequenos e já está nesta igreja há mais de catorze anos - trata-se de uma inovação para mim e revejo-me imenso nesta forma de estar. Não faz sentido, no meu entender, que os padres tenham de ser homens, é uma tradição machista e totalmente ultrapassada, mais ainda, que tenham de ser solteiros. Esta questão conduz a uma promiscuidade masculina, culminando numa série de casos de abusos no seio da igreja católica, como tem sido notícia nos últimos anos e o que o Papa Francisco tem lutado contra.

Não sou absolutamente ninguém para ditar regras sobre religiões, mas com esta descoberta, fiquei ainda mais fã da cultura escandinava e da forma de estar na vida deste povo, da sua inovação; como dizemos na linguagem coloquial, estão muito à frente. Para mim ter fé é o mais importante, pois uma pessoa sem fé, é como um jardim sem plantas, onde nada floresce, onde não há espaço para acreditar num futuro melhor, acreditar nas pessoas, acreditar na inovação e da melhoria do ser humano.

Se não tivesse fé, passada pela minha mãe inicialmente, que apesar de doente conduziu-me para religião católica, cimentada pela minha avó materna, não tinha conseguido superar tantas dificuldades que tive na minha infância, na minha juventude, mas também já na minha fase de adulta, no acreditar em melhores dias, que as minhas boas ações podem ter resultados mim e para as demais pessoas. Custa-me acreditar em algumas crenças como o purgatório ou o inferno, mas acredito piamente que todas as nossas ações irão ter um resultado bom ou mau para nós próprios, conforme a categorização do mesmo. Esta crença, será mais à

frente debatida em outras religiões que irei estudar no âmbito deste livro, mas basicamente resume-se ao karma ou darma.

Acredito que se houvesse mais equidade nas várias igrejas, onde a mulher possa ter um papel importante na passagem da palavra de Deus, o mundo seria melhor e haveria menos espaço e propensão para crimes e abusos sexuais na igreja. As mulheres têm outra sensibilidade. Não quero dizer com isto que não há padres bons e sensíveis; eu conheço alguns. Mas porque não podem casar, não podem ter filhos, ter uma vida familiar normal?

Uma das minhas primeiras grandes amigas foi a Angelina (nome vem de anjo; só descobri há pouco tempo esta coincidência). Conhecia-a em Caldelas, concelho de Braga, numa das minhas poucas viagens com a minha mãe, onde a minha mãe ia tentar tratar-se numas termas. Foi uma feliz coincidência, para não ficar mais um dia fechada num quarto sem janelas. Pedi aos pais da Angelina se poderia ficar com eles durante o dia, enquanto a minha mãe ia fazer tratamentos. Criei uma tal amizade com eles, que mesmo agora passados mais de quarenta anos e a sua filha ter partido, com uma doença terminal em plena pandemia, penso nela constantemente, assim como nos seus três filhos, que perderam a mãe, e eu perdi a minha primeira grande amiga.

Conheci-a quando tínhamos cerca de nove anos de idade. Ela era mais nova que eu uns meses; fazia anos em janeiro, como eu era de outubro (do ano anterior). Eu dizia sempre que era a mais velha. Ela era de Santa Maria da Feira, mais propriamente de Fiães e os pais acolheram-me quase como quase mais uma filha.

Eu era perita em adotar pais e avós, como os meus tios quase todos (irmãos do meu pai e respetivas mulheres / maridos), fui adotando desde pequena, assim como a Kay (Irlandesa), amiga do meu pai, que adotei aos seis anos de idade, que me ensinou as minhas primeiras palavras de inglês e que ainda hoje me considera a filha que nunca teve.

Como a empregada da loja do meu pai, a Maria José, que hoje é avó da minha colega Adriana (o mundo dá muitas voltas) a quem eu dizia com os meus sete anos de idade e hoje ela reconta – "Tu é que deverias ser minha mãe!"

Quem eu encontrava que me desse carinho, eu encostava-me. Com certeza a natureza humana é assim.

Voltando à Angelina, a partir do ano em que a conheci, todo os anos, os seus pais iam ao Algarve passar férias, por causa de nós a duas. Tornámo-nos *Best Friends for Ever* (BFFs) e foi sempre assim. Ainda hoje vão ao Algarve passar largas temporadas, porque compraram casa. Apesar da distância, de não haver telemóveis e de darmos contas de telefone absurdas aos nosso pais, por falarmos horas ao telefone fixo, sem falarmos das cartas que enviávamos regularmente uma à outra (na altura havia correspondência de amigas), confidenciávamos tudo uma à outra durante anos, até aos nossos dezasseis ou dezassete anos.

Até que a Angelina se apaixonou perdidamente pelo Paulo, estudante num seminário, para padre na altura. O Paulo que acabou por ser o seu marido, teve de abandonar os estudos eclesiásticos porque não era compatível com uma família. Ambos foram muito felizes. Tiveram dois filhos rapazes e uma rapariga, um deles com uma diferença de três semanas do meu filho mais velho Tomás e foi uma inspiração para eu engravidar do meu filho Salvador, mesmo com mais de quarenta e quatro anos, pois se ela conseguia, eu também conseguiria. Todos os anos a via, pelo menos no verão, porque visitavam os seus compadres (pais do seu afilhado), uma das minhas primas direitas e minha vizinha da frente, a Sandra e ficarão sempre ligados à nossa família, mesmo que a centenas de quilómetros de distância. Se o Paulo pudesse ser padre e ter uma família, qual seria o problema? Apenas iria estar a passar a palavra de Deus, como a Marlene fazia em Copenhaga.

Porque não podem ser mulheres? Acredito que algumas das pessoas que eu conheço ao lerem estes parágrafos irão ficar surpreendidos com a minha forma de pensar, mas nada abala a minha fé em Deus. Apenas desejo o melhor para o mundo e para todas as pessoas que o compõem.

Todas as religiões para mim são válidas, desde que prevaleça a justiça e um conjunto dos seus valores sejam bons para a sociedade. Ou seja, a fé sem fundamentalismos ou extremismos, pois aí haverá sempre um perdedor, um elo mais fraco e haverá sempre alguém a sofrer, o que para mim deixa de ser válido numa religião.

Por último a igreja que visitei, celebra este ano os 150 anos da morte de Nikolaj Frederik Severin Grundtvig como pastor desta da Our Savior's Church (1783-1872), e jubileu, dos duzentos anos da

sua inauguração como pastor, em 1822. Apesar de ter trabalhado apenas durante quatro anos, foi o maior influenciador desta igreja de Copenhaga, mesmo ao nível da igreja Luterana Dinamarquesa. O seu trabalho foi extenso e desafiou o clero, influenciou a introdução da democracia e tentou tornar a educação acessível para todos. Tentou combinar a mitologia nórdica-dinamarquesa com a visão cristã do mundo e contribuiu para uma grande herança de hinos e canções culturais.

Grundtivg não foi apenas uma figura do passado, mas uma figura presente na igreja, na escola e na sociedade dinamarquesa, com a sua visão genial da natureza humana e a sua tolerância para a cultura moderna e clarividente, passando a ser uma referência para mim.

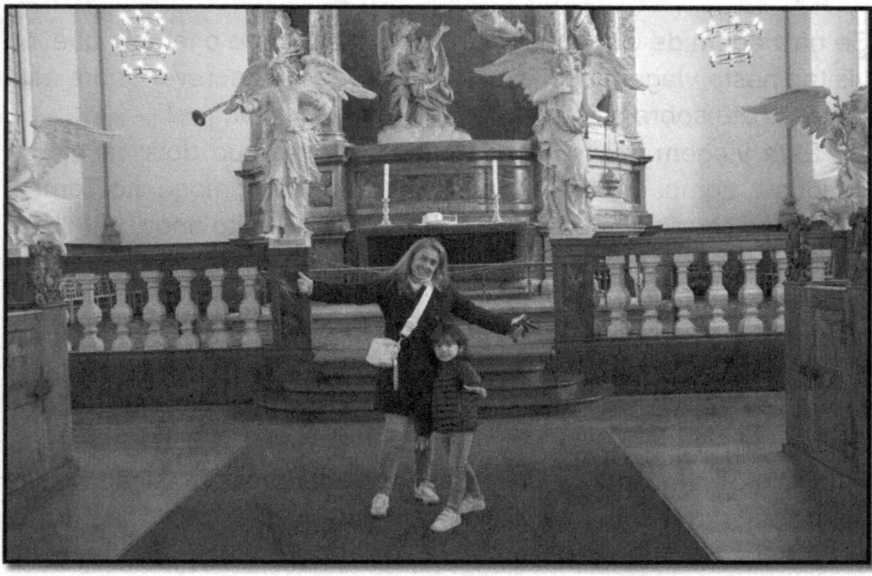

5

Hallgrímskirkja, Reiquiavique – Islândia

Se na viagem de Copenhaga tinha dúvidas sobre o templo que iria visitar, nesta viagem hesitei se alguma vez iria escrever sobre este tema ou até sobre algum templo que fosse visitar.

Esta viagem tratava-se da oitava viagem que dois casais de amigos e compadres (são padrinhos do meu primogénito Tomás) iam fazer, sendo que a sétima tinha sido havia oito anos, a Itália.

Era apenas uma viagem de lazer para conhecer um país que despertava uma curiosidade natural para mim, para o meu marido e para a Isabel e o António, com uma companhia que tinha tudo para correr bem, pois já tínhamos tido várias experiências, onde reina a tolerância, gostos semelhantes, assim como, muito boa disposição e diversão.

O António fazia anos nessa semana e teríamos mais uma razão para celebrarmos.

A Islândia era também mais um desafio, irmos à aventura num país onde os hotéis não abundam, onde se pode conduzir durante quilómetros e quilómetros sem se ver vivalma. Onde de um momento para o outro se passa de uma paisagem lunar, onde tudo é preto (vulcânico), para uma paisagem verdejante onde pastoreiam imensos cavalos lindos ou, ainda, de um lado temos um glaciar e de outro temos o mar com várias pedras de iceberg na praia. É um país de imensos contrastes e com uma beleza natural estonteante.

Apenas marcámos o primeiro hotel e depois fomos marcando os seguintes de um dia para o outro, mesmo com uma escassez de espaços para dormir, sem mencionar da qualidade e do preço.

O objetivo passou conseguir fazer a Ring Road, uma estrada

que circunda a ilha, não uma autoestrada, com apenas uma via de cada lado, em quatro dias. Algo que pensei que seria impossível, pois tratava-se de mais de 2 mil quilómetros. Mas foi... com a persistência do António, a coragem do Paulo, a conivência da Isabel e a minha... que me custou sempre a acreditar... não tinha fé...

Mas vamos ao templo. A Islândia não é pródiga em igrejas ou templos. É um país de belezas naturais, muitas cascatas e paisagens únicas que não são visíveis em mais lado nenhum no mundo.

Um país onde é dia durante vinte e quatro horas em junho, algo que apenas se consegue explicar vivendo. Mas também onde é noite durante uma grande parte do ano (novembro a abril) e que afeta imenso a saúde mental dos islandeses e do resto dos seus habitantes.

Decidi ir com o Paulo à igreja de Reiquiavique, de nome Hallgrímskirkja, na primeira tarde que chegámos. Assim que me dirigi à porta do edifício mais alto que existe nesta cidade com mais de 74 metros de altura, em forma triangular, como se tratasse de estalactites invertidas, inspiradas no glaciar e nas montanhas do país, não me deixaram entrar. Informaram-me que havia uma cerimónia privada e percebendo pelo carro que estava parado à porta, seria um funeral.

Não me querendo render à resposta dada e porque em Portugal não há cerimónias privadas em igrejas, tentei questionar se poderia assistir, ao que a rapariga me informou que não. Então pensei que fosse o funeral de alguém muito importante na cidade ou no país, ao que me responderam que era de um rapaz de vinte anos. Fiquei sem sangue na cara, mas mesmo assim ainda perguntei qual foi a causa da morte, tendo tido a resposta que era a causa mais frequente naquele país.

Eu tenho um filho de vinte anos, ao me responderem aquilo, fiquei sem vontade de escrever sobre templo algum ou até visitar um naquele país. Fiquei apavorada, o medo contagiou-me. Julgo que para quem é mãe, um dos maiores medos que podemos ter é perder um filho, seja por que razão for. É contranatura.

Atravessei a praça e fui ter com o meu marido Paulo e disse-lhe – "Não vais acreditar, está a acontecer um funeral de um miúdo

de vinte anos." já nem queria falar mais sobre isso, quanto mais escrever.

Ainda hoje estou para descobrir a causa de morte do rapaz, mas a causa de morte mais frequente de jovens na Islândia é o suicídio. Acredito que a pandemia de COVID-19 também tenha contribuído para o aumento desta taxa, pelo isolamento e pelo agravamento da saúde mental.

Nessa tarde, fomos ver uma cascata chamada Gullfoss, de uma força estrondosa, onde a água corria de uma forma natural e que ninguém ou alguma coisa a podia deter. Fizemos alguns quilómetros e vimos a força da terra em erupção em geiseres, onde de cinco em cinco minutos víamos a terra a expelir água quente a vários metros altura. Algo que nunca tinha visto antes e que é uma nascente eruptiva, um vulcanismo secundário que existe em muito poucos locais da terra, sendo fenómenos razoavelmente raros.

A beleza da natureza deu-me coragem e voltei à igreja para a visitar, ao fim do dia, mas com uma grande hesitação, a dizer – "Se estiver fechada, não a visito!". Quase com o desejo que já estivesse fechada, pois já passava das dezoito horas e tinha indicação que fechava a essa hora.

Ora, estava aberta e não estava a decorrer nenhuma cerimónia privada, então entrei com o Paulo. Senti um frio imenso, não pela temperatura do ambiente. A igreja é uma grande nave com duas mais pequenas colaterais. Tinha uma carpete bege ao centro, desde a porta até ao altar, um chão cinzento tipo cimento demarcado, uns bancos corridos com estrutura de madeira clara nas laterais e totalmente almofadados verde-água e alguns beges, perfazendo duas alas de bancos. Do lado direito à entrada tinha uma circunferência de velas que podíamos acender, o que de imediato fiz e rezei um Pai Nosso, mas continuei com frio.

Dirigi-me ao meio da igreja e fixei o altar, o qual não passava de uma meia-lua de janelas, como se de escotilhas de um barco se tratassem, mas retangulares na vertical, sem um único santo ou referência cristã ou religiosa. Em cima dessas janelas, encontravam-se outras muito maiores góticas medievais, em menor número do que as debaixo e acompanhando toda as paredes em torno da igreja, terminando numa cúpula que interlaçava com as

paredes de uma forma contínua e suave. Toda a igreja era branca por dentro: paredes e teto.

O altar consistia numa mesa com uma toalha branca, duas jarras brancas com flores e quatro velas altas com os seus castiçais. Ao centro, encontrava-se um pequeno crucifixo. À volta dessa mesa estavam algumas cadeiras pretas normais de escritório e uma maior almofadada bege como os bancos da igreja.

Não havia santos ou anjos. Senti-me super desprotegida, apesar de ter comigo a minha alma gémea. Senti-me sozinha, apesar de estar imensa gente na igreja, pois até tive dificuldade em tirar fotografias para não apanhar mais pessoas.

Por cima da porta de entrada, encontrava-se um órgão com 5.275 tubos, de teclas a acompanhar a forma gótica da igreja, até ao seu teto, com vários níveis de tubos, o que dava uma certa alegria à igreja que é uma ode ao modernismo e uma recordação da paisagem islandesa. A igreja tem o nome do clérigo do século XVII, Hallgrímur Pétursson, autor de Hinos da Paixão. Hallgrímskirkja é uma igreja Evangélico-Luterana e é um dos lugares mais visitados pelos turistas na Islândia. Todos os dias milhares de pessoas visitam esta igreja.

Apenas houve um canto em que me senti mais confortável, por baixo da nave esquerda lateral, onde havia um vitral colorido com a imagem da nossa senhora com um bebé ao colo, supostamente Jesus, imensamente colorido e com três fiéis de braços no ar a suplicarem-lhe. Não sei se foi pelas cores, ou pela santa, foi o único local onde senti algum conforto.

Mesmo quando saí da igreja, no meu silêncio invulgar, ia a pensar, não sei se irei escrever sobre isto: É demasiado mau. Emitia o meu julgamento.

Ainda fui a outras igrejas, ou estavam fechadas, como foi o caso da igreja de Akureyri, que estava encerrada. No último dia já em Reiquiavique, novamente, tentei ir à catedral com o nome da cidade, uma igreja paroquial do bispo da Islândia, com a prática do Cristianismo, mas imaginem só, quando ia a tentar entrar, mais uma vez não me deixaram; outra cerimónia particular, desta vez um casamento.

Não queria escrever sobre medo, uma emoção tão negativa.

Não queria falar de dor, mas se o universo me colocou naquela situação, é porque que tinha de ser. Ainda demorei alguns meses a pensar se haveria de escrever ou não.

Quando estava a escrever esta parte do livro, numa viagem de avião vi um filme de nome – Respire fundo (2021), tradução da versão original em inglês - *Mouthfull of Air*. É sobre uma mãe que morre de suicídio, mesmo com uma bebé de semanas e um filho de dois anos. No mesmo dia também estava a ler um livro da autora Collen Hoover, de nome *Uma Nova Esperança*, o qual começa com a morte por suicídio de uma jovem gémea de dezassete anos. Ou seja, para onde quer que me virasse, com centenas de filmes disponíveis no avião e milhões de livros para trazer, fui logo parar num com este tema, sem sequer saber antes o seu tópico. O livro poderia ter lido esta parte há dias, pois já vinha comigo, mas não me apeteceu. Por sinal foi uma coisa a seguir à outra, tinha de ser; era o universo a dizer-me – *Enfrenta a situação, fala!*

Hoje estou a descrever este templo e obriga-me a falar sobre algo que me afligiu quando tinha uns onze anos de idade, mas também na minha infância e na minha juventude.

Nunca se falou tanto de saúde mental. Mesmo eu vejo que à minha volta há imensa gente a precisar de ajuda psicológica. Não sei se fruto da pandemia ou se resultado das várias pressões que vamos tendo ao longo da vida e que se fazem sentir mais nos dias de hoje. Acredito que o isolamento a que fomos sujeitos durante a pandemia tenha sido um fator primordial em alguns casos que observo. Assim como o medo da doença e até da morte que todos passámos.

O suicídio infelizmente aflige imensas famílias em todo o mundo e Portugal não foge à regra. Uma em cada seis mortes de pessoas entre os dez e os vinte e nove anos em Portugal é por suicídio. Na verdade, "É a principal causa de morte junto de crianças e jovens adultos no país", comenta Ana Matos Pires, assessora do Programa Nacional para a Saúde Mental, baseando-se em dados Europeus de 2017 do Institute for Health Metrics & Evaluation.

Não quer dizer que todos os suicídios tenham origem na doença mental. Também poderá ser no comportamento como fuga a algo que os perturba, à extrema tristeza que sentem e/ou à falta de esperança de que melhores dias virão.

Também eu pensei em suicido várias vezes na minha infância. Quem me via na escola, nunca, em vez alguma, suspeitaria que eu estivesse a passar por fases de extrema tristeza e isolamento, sem qualquer ideia de que a vida poderia ser melhor para mim no futuro. À frente de todos era a criança mais divertida e alegre que poderia haver, pois nesses momentos tentava ocultar o que vivia em casa e colocar uma máscara que era uma criança feliz. Acabava por ser mesmo, pelo menos naqueles momentos do dia.

Tudo mudava quando tinha de ir para casa e confrontar-me com as quatro paredes onde habitava, com uma mãe que sofria de psicoses e via perseguidores por todo o lado, com uma avó materna muito querida, que tomava conta dos cuidados primários da casa, como a alimentação ou a higiene e nos dava o pouco carinho que eu e o meu irmão tínhamos no dia a dia. O meu pai passava muito poucas horas em casa e acabava por não se aperceber de muita coisa, por estar a trabalhar ou até a procurar escapes da realidade que vivíamos, sem que ele conseguisse fazer muito mais para a ultrapassar, pois não podia correr o risco de se separar. Isso significaria que eu o meu irmão iríamos viver exclusivamente com a minha mãe, por ordem do tribunal, como era hábito nos anos setenta e oitenta. Ainda tentou por várias vezes que a minha mãe aceitasse tratamento; tentou também incapacitá-la legalmente para que ela nunca nos conseguisse levar, mas foi tudo infrutífero.

Não querendo entrar em situações específicas, que também não ajudaria ninguém, digamos que não seria o lar que crianças e jovens deveriam estar a crescer. Num ambiente nada tranquilo e onde muita coisa menos boa acontecia, que colocava em causa a nossa integridade física e mental, diária e continuamente, sem qualquer luz ao fundo do túnel, pela nossa vulnerabilidade e dependência de adultos. Como conseguiríamos sobreviver a tudo aquilo e termos comportamentos normais com os demais, sem nos deixar marcas muito profundas?

Para mim nessa altura, o suicídio foi um pensamento que me ocorreu por diversas vezes, pois era apenas uma forma de acabar com o sofrimento, da tristeza que sentia, o desejo de deixar de ser um fardo para a minha mãe, avó e pai, de resolver de uma vez por todas todos os problemas que uma criança passava e que tinha pouco ou nenhum poder para alterar a situação.

Era muito difícil passar os dias e ter vergonha de sair à rua, as vizinhas sabiam de muita coisa que se passava em minha casa, pois ouviam, tal não era o volume das discussões. E, claro, comentavam, o que por vezes ouvi no supermercado ou na rua. Na escola, morria de medo de que a minha mãe fosse ter comigo e que tivesse algum comportamento que me envergonhasse, o que aconteceu várias vezes e até se prolongou até à faculdade, já em Lisboa.

Na família alargada, para onde recorria muitas vezes para ter um maior sossego, alguma tranquilidade, alguma normalidade, ouvia por vezes também comentários sobre a minha mãe e sobre a nossa situação familiar, o que me acabava por magoar e deixar muito triste e, por vezes, desesperada.

Na casa das minhas tias, especialmente na casa de uma que passava imenso tempo, perto da minha casa, fui sempre muito bem recebida e muito bem tratada. Por vezes até fazia as refeições todas e só ia a casa dormir, na busca de atenção e de carinho, o que recebia imenso. Também nessa casa tinha uma prima que fez parte do meu universo infantil, com quem partilhava quase todas as brincadeiras e hoje é minha vizinha por quem tenho um grande carinho.

Recebi sempre muito carinho das minhas tias, mesmo até aos dias de hoje.

Acredito que hoje, eu fui sempre adotando mães em todas mães que me rodeavam: Nas minhas tias, nas mães das minhas amigas e até nas minhas amigas, como poderão ver mais à frente num dos templos e da história que está por trás dessa viagem.

Ou seja, analisando hoje a situação à distância acredito que o amor que as minhas avós nutriam por mim, assim como o meu pai, a companhia e atenção do meu irmão e o carinho de todos os que me rodeavam, ajudaram-me a superar o medo que sentia que toda a minha vida estaria condenada a ser de uma extrema infelicidade, devido a tudo o que passei desde que me lembro de ser gente.

Havia sempre também o medo de vir a ter os mesmos problemas que a minha mãe tinha, como várias vezes ouvi por parte de familiares diretos, que como filha, possivelmente iria ter as mesmas patologias. O que até hoje não se concretizou. Demorou muitos anos até conseguir enfrentar a minha mãe, mas houve um dia que

pensei: Ou eu mudo de postura ou vou continuar a ser uma vítima desta situação.

Assim foi, um dia após uma situação extremamente delicada que aconteceu em minha casa na noite anterior, o meu pai propôs à minha mãe que ela fosse viver para outra casa que possuíamos, ficando a minha avó materna connosco e o meu pai a viver naquela casa, onde já todos vivíamos.

A partir desse dia não se resolveu tudo, mas o ambiente da casa melhorou significativamente. Mas, permanecia o medo quando estava perto da minha mãe, sem ter a necessidade de a ver, pois sentia-a mesmo à distância.

Como descobri há pouco tempo, onde há medo, não há fé e onde há fé, não há medo.

Houve fé que a vida poderia ser diferente e nunca tentei, propriamente, nenhuma ação que colocasse em causa minha vida.

Mas durante muitos anos persistiu o medo de voltar a passar por tal situação e de não querer continuar a lutar, pois em situações de uma tremenda tristeza ou desespero a ideia de fugir ou enfrentar, a primeira acaba por ser a primeira a ocorrer-nos.

Hoje, olhando para trás, sei que tudo o que passei, deu-me uma resiliência e uma força para enfrentar todas as situações que passei na minha vida e que continuarei a passar.

Vejo também que o amor que procurava nas minhas "mães adotivas" e o mesmo amor que me davam, muitas vezes, sem terem noção, foi essencial para lidar com toda a minha história e poder estar hoje aqui a contá-la, sem qualquer mágoa por tudo aquilo que passei. Até por vezes agradecer por todo o meu passado, pois deu-me a possibilidade de conhecer uma realidade que me dá força para continuar, mesmo em situações de grande dificuldade e de nunca baixar os braços perante a adversidade ou a tristeza.

Como eu tinha fé e continuo a ter, o universo foi-me rodeando de pessoas que me ajudaram a fazer muitas horas de terapia com profissionais excecionais, que me ajudaram a encontrar soluções para todas as situações que fui vivendo.

Fui também estudando e tentando compreender o porquê dos comportamentos da minha mãe e dos problemas que tinha. E quase como por um milagre, após dois AVC (acidentes vasculares celebrais), que deixaram algumas mazelas, houve uma clarividência

por parte da minha mãe que deu oportunidade de nos aproximarmos passados muitos anos e de falarmos sobre o passado.

Ainda, meses antes da minha mãe falecer, com sessenta e oito anos, após uma fissura intestinal e uma septicemia, permanecendo hospitalizada nos cuidados intensivos durante meses, onde a visitava com regularidade, tive a oportunidade de falar sobre tudo o que me tinha magoado e de a perdoar, o que foi deveras apaziguador.

O universo faz tudo o que tem de fazer para nos ajudar a crescer. Tive uma infância curta e dolorosa, mas o medo só interessa se olharmos para dentro e para andarmos para a frente, que foi o que eu fiz.

O ditado popular que Deus escreve direito por linhas tortas, faz todo o sentido nesta situação. Quer dizer que, apesar de tudo, Deus tem um plano e Ele sabe o que faz. Se acontece alguma coisa má ou indesejada, não se deve desesperar; melhores dias virão e tudo tem uma solução.

No caso de doenças psicológicas, devemos tentar sempre procurar ajuda profissional, da mesma maneira que procuramos um dentista quando temos uma dor de dentes ou mesmo por prevenção e saúde oral.

Infelizmente a nossa saúde mental é permeável a tudo o que vivemos e costumamos desvalorizá-la por preconceito ou desconhecimento e por acharmos que somos capazes de resolver tudo sozinhos.

A pandemia foi um acontecimento que nos deixou a todos algo afetados, uns mais que outros e por razões bastante diferentes.

O isolamento, o medo do futuro (que provoca imensa ansiedade), o medo da doença e até de morrer, o medo de falharmos junto dos mais próximos, o medo de não conseguirmos cumprir com as nossas responsabilidades, foi algo que afetou os adultos, os jovens e também as crianças que foram privados da sua liberdade e de fazerem uma vida normal.

Acredito piamente que esses efeitos estão e continuarão a influenciar-nos a todos e espero que quem se sinta algo instável e com medo de coisas novas, que antes não tinham, que procurem ajuda, pois ninguém ficou indiferente a meses de isolamento. Quando passarmos por algo que nos desperte o gatilho daquilo que passámos, possa gerar comportamentos e sentimentos

problemáticos para nós e para os outros, que só podem ser dirimidos e tratados com ajuda psicológica, por bons profissionais, sem qualquer vergonha ou reserva.

A violência nas escolas básicas (2º e 3º ciclo) e secundárias aumentou significativamente. Os divórcios e separações foram durante a pandemia e continuam a ser galopantes. A agressividade das pessoas nas relações e na comunicação é crescente, por falta de tolerância ou empatia. Existe uma permeabilidade enorme, ou seja, todos se sentem atacados e, por conseguinte, reagem, sem conseguirem auto regular-se e sem conseguirem ver a perspetiva do outro. Em contraposição, concentram-se muito na sua própria perspetiva e na sua verdade, esquecendo-se que pode haver duas ou mais verdades e perspetivas corretas.

O meu conselho a todos os que estejam a ler este livro: se não se sentem bem, se estão tristes há bastante tempo, se o mundo está totalmente contra vocês, se não vêm qualquer luz ao fim do túnel, tudo é mau, tudo é preto, se têm medo constantemente do futuro, por favor procurem ajuda. Façam uma chamada. Vai haver alguém que vos pode ajudar a ver que o mundo afinal é cor-de-rosa, é maravilhoso e vocês podem ser muito felizes.

Ninguém está livre de passar por uma depressão ou por uma doença psicológica como a ansiedade crónica, mas temos de enfrentar, temos de procurar psicólogos, fazer terapia, para ir ver porquê que estamos naquela situação, falar, partilhar, encontrar soluções, sarar feridas, encontrar caminhos.

Por diversas vezes que falo com pessoas sobre este assunto, levantam-me a questão do valor das sessões. De facto, o Sistema Nacional de Saúde tem poucos profissionais para tanta procura, mas se pensarmos que um ginásio custa o valor de uma sessão, ou mesmo que quem fume diariamente gastará mais de três sessões por mês, ou ainda que, se não prevenirmos ou resolver as situações iremos mais tarde ou mais cedo gastar imenso dinheiro na farmácia em químicos, qual é a melhor escolha, além de que o tratamento tem um início e tem um fim, além de ser um investimento com um retorno incalculável de satisfação?

Também ouço muito – "eu consigo tratar disso sozinho, já o fiz noutras vezes." Desta frase eu duvido, é como uma pessoa ter uma cárie e dizer que vai tratar dela sozinha. Ou seja, não liga à situação

e tenta não lhe dar valor, nem ao dentista volta. Mais tarde ou mais cedo, essa cárie vai-lhe dar um problema grave no dente, o que pode culminar no desenvolvimento de um problema muito pior ou até em ter de perder o dente, por ter adiado o tratamento.

No caso da saúde mental, este perder, pode ser o perder de uma vida saudável, equilibrada, feliz, com relações interpessoais prazerosas, e, por conseguinte, com boa saúde física. Ou até em último caso, de perder a vida: por desespero, por procurar uma solução rápida na morte pelo suicídio.

Procura ajuda, por favor. Está nas tuas mãos e à distância de um clique. Ou à distância de procurares um amigo ou familiar para partilhares o que sentes. Se sentes que não consegues, liga para uma linha de apoio. A saúde mental é mais importante que qualquer problema de saúde: não a menosprezes. É o mais importante da tua vida e só depende de ti. Partilhar o que sentes vai ajudar; não deixes de o fazer.

Esta igreja em Reiquiavique trouxe de volta a tristeza, o medo, a angústia e o medo que passei em jovem, mas agora olho para trás e vejo que me deu ferramentas para lidar com as minhas emoções menos positivas; superar esses momentos, sabendo que são apenas momentos de crescimento e evolução e ajudar outros que possam estar a passar pelo mesmo, no sentido de não se sentirem tão desorientados ou desesperados, considerarem que é apenas uma fase e vai passar com a ajuda de uma melhor amiga, de um familiar ou de um profissional, de alguém que nos possa ajudar.

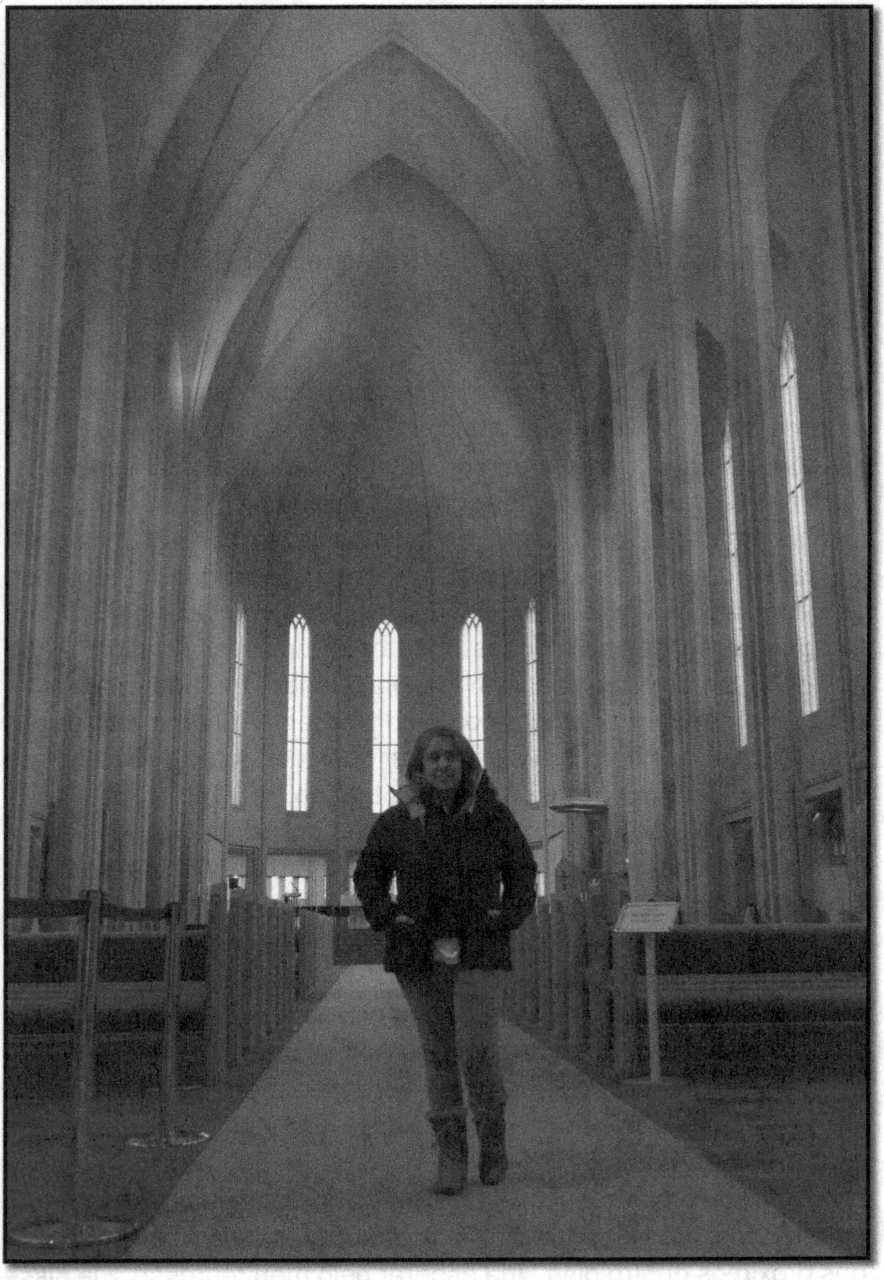

6

Madraça Ben Youssef, Marraqueche - Marrocos

Exatamente uma semana antes do meu pai falecer, mais propriamente a 16 de maio de 2021, decidi colocar em palavras algo que tinha descoberto havia dias e que procurava uma explicação havia anos.

Durante muito tempo interrogava-me sobre o porquê de todas as minhas amigas serem todas provenientes de África. Eu nunca tinha vivido ou ido até esse continente, mas acontecia que fui tentando perceber alguma razão que justificasse essa coincidência ou não. Cheguei a registar as cidades onde cada uma tinha nascido, que iam de Huambo, Quelimane, Nampula, Dundo, Evander e Maputo, para tentar encontrar algum ponto convergente ou uma explicação para tal, mas não conseguia encontrar qualquer ponto que as unisse ou que desse uma lógica para esta situação.

Até que duas semanas antes do meu pai falecer, eu decidi ir a um retiro de ioga promovido por uma amiga, em Cabeceiras de Basto que estava agendado havia uns meses e que havia sido adiado pela pandemia e que acabou por ser marcado no início de maio. Hesitei imenso se haveria de ir, pois implicava estar fora de casa pelo menos quatro dias e o meu pai estava a residir connosco desde dezembro e a ter uma alta dependência de todos nós. A ir, teria de deixar o meu pai na dependência das suas cuidadoras, do meu marido e do meu irmão, não me sentindo bem em fazê-lo. Contudo, dois dias antes de partir, interroguei o meu pai se haveria de ir ou não, pois estava dividida. Ele respondeu que eu deveria ir, sem qualquer margem para dúvida, até verbalizou, "não te preocupes, que não vou morrer nos próximos quatro dias". Iria esperar pelo meu regresso. Ele disse aquilo com tanta convicção que eu confiei e acabei por ir.

Estavam a ser meses algo pesados e ao mesmo tempo de um prazer imenso. Estava a proporcionar ao meu pai, a um ser que eu sempre adorei toda a minha vida, com todos os seus defeitos e virtudes, a possibilidade de viver num lar que era o meu lar, havia seis meses, na paz e tranquilidade da sua família, o que me dava um gozo imenso.

Ao mesmo tempo estava a acompanhar a decadência do ser humano, consumido pela doença que o afetava havia mais de cinco anos e que pouco ou nada havia a fazer desde o tempo que veio para minha casa, o que era de uma tristeza e angústia terríveis.

Era um misto de sentimentos e emoções, porém tentava concentrar-me sempre na parte positiva, como sempre fiz em toda a sua doença. Aquando o seu diagnóstico em 2015 deram-lhe seis meses de vida e ele conseguiu contrariar tudo e todos e viveu quase seis anos mais.

Apesar da pandemia e não poder haver ajuntamentos, foram meses de festas quase semanais por ocasião do Natal, passagem do ano e dos vários aniversários que íamos fazendo, assim como a Páscoa. Tudo era motivo para festejarmos, festejarmos a sua vida e a sua presença connosco.

Por tudo isto e com a aprovação do meu pai e do meu marido, que ficou a cuidar dele, acabei por aceitar e fui a Cabeceiras de Basto. Significava conduzir setecentos quilómetros a conduzir para passar dois dias e meio num retiro de ioga, num local magnífico. Fiz-me acompanhar pelo meu filho do meio, tendo sido ótimo, pois fomos a conversar em toda a viagem e deixei-o no Porto com a avó e com os primos.

O primeiro dia foi uma catarse de libertação de todas as emoções negativas que tinha vivido nos últimos dias, semanas e meses. Ou seja, estava a fazer o luto do meu pai, mesmo com ele ainda vivo, como me explicou uma psicóloga meses depois. Foram horas a chorar sem parar, em todas as circunstâncias, em posições de ioga, em meditação, em repouso, em momentos de silêncio, ao ponto de as outras participantes virem ter comigo a manifestar a sua preocupação e solidariedade, sem perceberem minimamente a razão de tal estado de espírito.

Na verdade, no domingo de manhã, no segundo dia, estava como se nada tivesse passado, como nova, com uma energia fora de série, pronta para fase seguinte.

Já tinha informado a professora de ioga que possivelmente iria sair logo no fim da manhã, uma vez que tinha de ir apanhar o meu filho no Porto e conduzir para Lagos.

A manhã foi muito positiva com uma energia espetacular e no fim dessa manhã a professora solicitou-nos um *feedback* a cada uma de nós as doze. Eu acabei por ir ouvindo os vários *feedbacks*. Nunca tinha feito um retiro até então, escusado será dizer que fiquei fã. Fui sozinha, por indicação de uma amiga minha que expressou vivamente que deveria ir sem mais ninguém conhecido pela primeira vez, o que foi marcante. Acredito hoje que se tivesse alguém conhecido comigo, possivelmente não iria chegar à solução do mistério do porquê das minhas amigas serem todas provenientes de África, porque iria estar na conversa ou atenta a mil e uma coisas, como é típico da minha forma de estar entre amigos. O que não aconteceu, pelo ambiente em si, mas também porque estava em silêncio desde o dia anterior ao fim da tarde, como era requisito do programa. Vou-vos confidenciar que achei que seria impossível tamanho silêncio, mas aumentou o meu foco e a minha concentração de uma forma exponencial.

Para vos contar o que se seguiu, julgo ser mais giro passar-vos à mensagem que enviei às minhas amigas exatamente uma semana depois desse domingo pelas 9h00 da manhã, mensagem essa escrita nessa manhã, após ter acordado muito cedo e criado um grupo no WhatsApp que nesse dia se chamava a Branca de Neve e os Sete anões.

A mensagem:

> Olá minhas Caras Amigas,
>
> Como sabem estas últimas semanas têm sido um pouco agridoces, sem falar nos últimos meses e até anos.
>
> Houve durante muito tempo algo que me intrigou e que me questionava, porquê todas as minhas grandes amigas, exceto uma, serem naturais de África. Eu nunca estive em África, apenas uma breve passagem em Cabo Verde e já foi como adulta e com o meu pai.

Era algo que me interrogava e cheguei a escrever qual a vossa origem... para tentar um tal algoritmo que fizesse sentido e nada...

Esta semana aconteceu algo que veio preencher a peça do puzzle e que veio esclarecer o tal "algoritmo."

Como todas sabem a minha infância e juventude foi desprovida de amor, carinho, atenção e referência de mãe.

Tive um Pai e duas avós que tentaram fazer esse papel mas como é óbvio não conseguiram totalmente, embora tenham-se saído muito bem nas suas missões...

No passado domingo, dia 9 de maio, fui fazer um retiro de ioga em Cabeceiras de Basto por indicação da Patrícia, terra onde o meu filho mais novo foi feito numa passagem de ano em 2016, quando achávamos que esse assunto estaria encerrado. Aí aconteceu um milagre!

No passado domingo aconteceu outro; fechou o puzzle!!!

Nesse dia no fim do retiro, estávamos a fazer o círculo de encerramento e eu até estive para faltar a essa parte porque queria seguir mais cedo para o Algarve. Houve uma senhora com quem eu já tinha empatizado durante o fim de semana e já tínhamos descoberto que ambas temos três filhos rapazes, os dois mais velhos com menos de um ano de diferença, quando ela começou a contar uma história.

Eu como toda a gente adora histórias e estava super, hiper, mega atenta. Durante o fim de semana tinha tido mais que um episódio de catarses e estava supersensível e atenta.

A senhora chama-se Isaura[2] e é segunda linha de uma grande instituição bancária há vinte e quatro anos na área jurídica. Como o teletrabalho e o nível

---

[2] Nome fictício no sentido de proteger a identidade da pessoa

de exigência do banco têm sido por demais, e porque todas as primeiras linhas são homens (vá-se lá saber porquê), as mulheres precisaram de um prémio para tentarem gerir melhor o trabalho, família, pandemia, jantares, roupas, resultados do banco, equipas, o futuro, entre outros. Então ofereceram-lhes uma formação de liderança na Universidade Nova de Lisboa.

Um dia há umas semanas, umas das professoras num módulo da formação questionou aos participantes da formação: às vinte e sete mulheres e três homens (estes três bastante jovens e que irão substituir os da primeira linha, mas que as mulheres da segunda linha nunca lá chegarão, independentemente do sem número de formações que façam e de que sejam muito mais profissionais que eles) a professora colocou-lhes a seguinte questão para discussão: Qual seria semelhança entre a história da Branca de Neve e os Sete Anões e o Bambi?

Todos eles estiveram largos minutos a discutir o que poderia ser, ler histórias aos filhos à noite, o equilibro do trabalho e da família, *and so on.* Ela, com base na experiência de vida que tem, deu uma resposta completamente inesperada e respondeu que para ela ambas as histórias tinham algo em comum. Nem a Branca de Neve, nem o Bambi tinham mãe e que conseguiram ser felizes e bem-sucedidos na sua vida. Os anões tinham ajudado imenso e não só o príncipe foi o herói nestas histórias. A lição era que é preciso ter muita resiliência nesta vida e que as empresas neste momento procuram pessoas que a tenham e que consigam cair e levantar-se para levarem as companhias para a frente, como sempre ouvi – dos fracos não reza a história! Por vezes é muito difícil, mas para o bem das equipas, das empresas e das pessoas em si, todos precisamos de alguém que nos dê a mão e nos diga, "bora, eu ajudo", mesmo quando esse alguém também precisa

de ajuda, mas nesse momento é mais forte, porque tem essa força, essa resiliência.

Como devem calcular ao ouvir aquilo, caíram-me as fichas todas... mais uma catarse, mas consegui recompor-me e fez-se luz!!!

Como todas vocês sabem, eu não tive uma infância ou juventude muito bonita, não vi muitas histórias, nem vi muitos filmes infantis, por isso não conheço as histórias, apesar de ter centenas de livros de histórias no colégio. Conhecia ligeiramente a da Branca de Neve, mas nunca me lembraria que ela não tinha mãe e a do Bambi ainda menos. Ontem tive a oportunidade de ver excertos desse filme ao lado do meu pai e do meu filho, um de cada lado e tudo ficou ainda mais claro. Este senhor Walt Disney é mesmo muito especial: deixou mensagens para toda a gente e continua a fazer o bem para todos, mesmo sem cá estar.

O meu pai foi o príncipe na minha vida e está a partir e vocês que estão neste grupo foram os meus sete anões, as minhas flores e todos os animais da floresta que me guiaram e que me ajudaram a ser a pessoa que sou hoje. Pois também eu não tinha mãe...

Mas o meu Príncipe não quis partir sem que eu descobrisse isto e finalmente esta semana descobri!

Mas ainda faltava uma peça: porquê África? Todas vocês nasceram lá e eu nunca fui a África a não ser numas férias a Cabo Verde com o meu Pai há uns sete anos - as minhas únicas férias com ele em toda a minha vida. Ontem falava disto com alguém e veio a ideia – Mãe África, o berço da humanidade, pois segundo os antropólogos o ser humano nasceu neste continente e esta terra foi a mãe do mundo e de toda a cultura.

Em Maio de 2021, mês de Maria, quase a fazer cinquenta anos consegui perceber que tudo na minha vida faz sentido. A minha mãe deu-me

à luz e deixou-me a crescer com o meu Pai e as minhas avós, onde não me faltou comida, ou água ou educação e tive algum carinho e amor, mas nunca foi o suficiente para que eu conseguisse ser rija, dura o suficiente para fazer face às agruras da minha vida e conseguisse superá-las todas. Depois foi colocando uns anões, umas flores, uns animais representados por vocês e por tantas outras pessoas que se vão cruzando comigo e que eu acabo por não ligar muito naquele momento e que me têm vindo a ensinar imenso, muita coisa daquilo que eu sei e sou.

Vocês foram cruciais na minha vida, logo ao início, a Marta, a Xanda e a Sílvia e nunca deixaram de o ser até hoje de muitas maneiras. Depois veio a Tânia, a João e a Isabel que me ensinaram imensas coisas que eu não tive oportunidade de ter quando era criança.

Coisas como saber estar, saber ser, comportar-me socialmente, dar e receber amor, ouvir, saber falar, pequenos pormenores da vida que uma mãe ensina e que vocês me ensinaram sempre, com certeza sem saberem também. Mas ensinaram!!! E eu aprendi e sou-vos muito grata por me terem dado colo, por me terem guiado pelo bem, por me terem ajudado, abraçado, amado e ouvido quando eu mais precisava, por me terem ajudado a ser a pessoa que sou hoje.

Foram sete mães para mim. Falta uma aqui e que já apareceu mais tarde na minha vida, mas também com um propósito. Que é a Mónica, que ainda hoje está lá comigo todos os dias, que me ajuda em tudo.

A Patrícia não nasceu em África e era a última peça que eu não conseguia encaixar - mas foi ela que me levou a encontrar a última peça do puzzle. Foi ela que insistiu para que eu fosse ao retiro de Cabeceiras de Basto sozinha, pois ela conhecia a professora de ioga desde infância. Ela conhecia a Isaura porque tinha feito um retiro com ela em janeiro último e contra

tudo e contra todos eu consegui ir, porque tinha de ir, para conseguir ver o filme todo, ver o puzzle montado e hoje eu consigo perceber tudo.

Eu não tive uma mãe muito presente, mas tive um príncipe e sete anões que me guiaram a vida toda!

E continuam a guiar! Com a grande vantagem de vocês terem a minha idade e conseguirem acompanhar-me a minha vida toda, se Deus quiser!

Eu sou-vos imensamente grata. Acho que fizeram um bom trabalho. Vocês passaram-me o que de melhor têm, o melhor que os vossos pais vos ensinou, cada uma de sua maneira, cada uma o melhor que sabiam, mesmo até sem se aperceberem.

Eu espero ter correspondido e nunca vos ter desiludido. Sempre tive as melhores intenções e nunca tive intenção de vos magoar. Se alguma vez o fiz, peço desde já desculpa.

Eu acredito que neste momento vocês estejam tão surpresas quanto eu fiquei faz hoje oito dias e ando há dias a tentar montar tudo, para compreender, mas com certeza o meu pai e a minha mãe quiseram que isto ficasse claro na minha cabeça antes do meu Pai partir, para não me sentir tão perdida, para sentir que vocês estão cá e que me podem continuar a ajudar, cada uma à sua maneira - como sempre foi, desde os meus treze, catorze anos e ainda hoje mantenho contacto com todas vocês.

Como sabem os dias estão a ser muito difíceis para mim, mas agora sabendo disto podem ter a certeza de que me sinto ainda mais forte e ainda mais acompanhada.

Não vos quero imputar qualquer responsabilidade, peso ou dever; nada disso. Vocês já fizeram o vosso papel e eu acho que cumpri com o propósito.

Hoje sei que sou uma pessoa diferente e nos últimos dias fui tomando uma série de decisões que terão algum impacto na minha vida.

> Tudo coisas boas, que implicam cultura, saber, ajuda, conhecimento, receber e dar amor, usufruir mais da vida, trabalhar menos e estar mais com os meus. A vida é muito curta e passa muito rápido. Quase todas temos cinquenta anos - menos a pequena Mónica, mas também para lá caminha.
>
> É com isto que quero terminar. Nos próximos tempos, temos de organizar uma viagem, mais que não seja um fim de semana todas juntas, as nove e revivermos as nossas coisas, divertirmo-nos, brincarmos e passarmos um bom tempo juntas, por isso criei este grupo e a partir de agora iremos organizar essa viagem por aqui.
>
> Vai ser a minha forma de vos agradecer tudo o que fizeram por mim até hoje, sem o saberem provavelmente, mas para perceberem o quão importante foi para a pessoa que sou hoje.
>
> Sou-vos muito grata e tentarei sempre honrar-vos com a minha conduta e a minha forma de estar e de ser e nunca vos desiludir enquanto amiga.
>
> Nos próximos dias irei estar com certeza um pouco *off* e eu sei que vocês me irão dar espaço para me reerguer.
>
> Teremos muito tempo se Deus quiser para nos rirmos, para nos divertirmos e percebermos ainda melhor este filme que a vida se encarregou de gravar e onde nós éramos as personagens.
>
> Muito obrigada e até breve! Um beijo desta que vos agradece e gosta muito de vocês, cada uma à sua maneira, como acontece com os filhos.
>
> Obrigada!

Esta foi a mensagem que enviei às minhas amigas no domingo a seguir ao retiro, no domingo antes do meu pai falecer.

As reações foram as mais diversas e claro que as apanhei de surpresa, como eu também tinha sido apanhada. Mas foi magnífico e até hoje continua a ser.

Passados poucos dias o grupo começou a chamar-se Terra

Mãe e gradualmente foram-se conhecendo, pois havia uma que não conhecia mais nenhuma das outras. Por sinal duas que não se conheciam, acabaram por descobrir dois anos depois que tinham nascido na mesma cidade e que os pais se conheciam muito bem.

Os condicionalismos da pandemia foram sendo levantados e, em fevereiro de 2021, decidi lançar o desafio de organizarmos uma viagem todas juntas. Entretanto havia mais duas amigas minhas que tinham sido uma forte influência para mim, já em adulta. Uma inspirou-me a criar o colégio e outra pela sua forma de estar tranquila, bem com a vida e superdescontraída; ela acaba por ser uma referência para mim e convidei as duas para o grupo, apesar de não terem nascido em África.

Após largas horas e muitos dias de discussão sobre o destino e datas para realizarmos a viagem, acabamos por decidir ir num fim de semana prolongado a Marrocos, um destino que duas já conheciam. Todas achámos que seria ótimo, pela diferença cultural, pela proximidade de Portugal e pelo clima que agradava a todas e claro, como teria de ser crucialmente, em África.

Marcámos com oito meses de antecedência, sempre na iminência que alguma não conseguisse ir por alguma razão, o que nunca aconteceu. Apenas duas não foram por razões pessoais e profissionais, mas que não chegámos logo a marcar para elas.

Quando comecei a pensar que templo visitar em Marraquexe com elas, deparei-me com um problema. Nenhuma mesquita é visitável por alguém que não seja muçulmano, limitando-nos as opções.

Ainda tentei junto do Riad onde iríamos ficar alojadas saber se havia alguma forma de contornar essa situação, mas percebi logo que em Marrocos tudo é um pouco diferente.

Então decidi deixar o universo guiar-me e em função do que acontecesse na viagem logo iria decidir se iria escrever ou não sobre algum templo.

Esta cidade é de uma série de contrastes e em cada esquina víamos situações e formas de estar completamente diferentes de uma cidade europeia. Iam-nos surpreendendo e, por vezes, assustando, de tão distintas que eram.

Em Marraquexe, uma cidade onde a pouca higiene e a pobreza reinam. A mulher tem um papel secundário e onde a religião islâmica

coloca uma série limitações às mulheres. Para estas trabalharem fora de casa têm de ter a autorização dos maridos. Por sua vez, os maridos podem praticar poliginia, casando com até quatro mulheres, não sendo necessário elas serem muçulmanas. Contudo, a mulher só pode casar com um homem e este tem de ser muçulmano, entre outras limitações e condicionalismos que inferioriza e tira poder e autonomia a qualquer mulher islâmica.

São aspetos que num país Ocidental no século XXI, são controversos e nos deixam algo revoltados com a diferença de tratamento no género, mais ainda sendo mulher.

Logo no primeiro dia vimos o edifício carismático que é a mesquita da Cotovia que se vê por toda a cidade e que se encontra numa das pontas da medina. De onde se ouve várias vezes ao dia cânticos do Alcorão, nas colunas colocadas no seu colossal minarete. Todavia, esta mesquita não era visitável, por isso estava fora de hipótese.

O nosso passeio continuou, sem qualquer programação, deixando o grupo ir decidindo por e para onde ir. Ao contrário do que normalmente é minha prática, liderar, já havia decidido antes que desta vez não o iria fazer. Iria seguir as decisões do grupo e da vontade de cada uma delas, sem qualquer necessidade de impor a minha vontade. Tínhamos apenas os jantares marcados, para termos a certeza de que iríamos ter uma refeição por dia, sem grandes problemas, sendo uma no deserto.

Nessa manhã solarenga e quente, após um bom pequeno-almoço na cobertura do nosso Riad, decidimos seguir para os souks, dentro da medina. Após perdermo-nos várias vezes, lá conseguimos chegar à praça Jemaa el-Fnaa, onde algumas de nós já havíamos estado no dia anterior. Encontravam-se homens e mulheres sentados no chão ou em bancos a tocar para "encantar" serpentes com flautas. Havia dezenas de macacos em jaulas com quem poderíamos tirar fotografias, todos por baixo de chapéus de praia com nomes publicitados, assim como, várias roulottes com frutas dispostas e onde poderíamos comprar sumos naturais com a mistura de várias dessas frutas. Pelo caminho havíamos passado por espaços e mais espaços comerciais todos juntos uns aos outros, com tudo o que possam pensar à venda: desde no mesmo espaço com menos de cinco metros quadrados, conviverem

galinhas vivas e peças de frango cortadas ao relento, ou peixe sem estar conservado no gelo ou no frio; considerando que a temperatura média que se fazia sentir seria de vinte e sete graus centígrados, vendiam-se também ervas das mais variadas cores e cheiros, brilhantemente organizadas e dispostas, tapetes, sapatos, carteiras e malas de contrafação, candeeiros, peças de decoração de couro, de latão, tecidos de várias cores e padrões, assim como, muita roupa tradicional do país. Para esta cultura, tudo isto é normal.

Sendo ainda completamente habitual circularem nos dois sentidos e no corredor da rua com no máximo dois metros de largura, desde burros, mulas, motorizadas, triciclos motorizados, carrinhos de mão apilhados, e bicicletas com atrelados cheios de cargas de comida, bebidas ou objetos, alguns de grande dimensão e sempre a uma velocidade que, para a dimensão da rua, era surreal. Para nós, era algo inexplicável. Foram muitas as vezes que quase fomos atropeladas ou desviamo-nos umas às outras, mesmo no limite de algo acontecer.

Várias vezes olhava para elas de uma forma deliciosa e pensava como é que andamos aqui nove mulheres, a deambular por esta cidade completamente diferente do que estamos habituadas, com dezenas de homens a olhar para nós com um ar suspeito, com vestidos até aos pés, chapéus, óculos escuros, lenços na cabeça, ou cabeça destapada, com pouca pele à vista, tipo "Sexo na Cidade" e tantas vezes perdidas, apesar de andarmos, por vezes, com o mapa do Google ligado no telefone.

Dirigíamo-nos para a Madraça Ben Youssef, com a ajuda das indicações da Isabel. Ela tinha naquele momento ligado o mapa no seu telefone. Quando caminhávamos por vários caminhos diferentes, começámos a passar inicialmente por uma rua mais larga do que o habitual com uma movimentação masculina menos frequente daquele dia e do anterior. Percebemos logo que iria começar um momento de culto, pois estes homens vestidos com roupas escuras ou túnicas de uma só cor ou com um padrão único, com bonés escuros ou com kufis, bonés sem aba, começavam a dispor os seus tapetes coloridos, na maioria com franjas, retiravam o seu calçado, na maioria chinelos pretos, típicos de natação para nós Ocidentais, colocavam ao lado do tapete. Sentavam-se de seguida abraçados às pernas ou em cima dos joelhos, com os pés descalços cruzados

por baixo dos seus rabos em posição de reza, uns ao lado dos outros pela rua fora. Ouvia-se por todo o lado um ecoar de uma voz masculina numas colunas a apregoar algo que para nós não fazia qualquer sentido, porque não percebíamos o conteúdo, mas pela entoação, consideramos que seria uma das cinco orações que os muçulmanos têm de fazer por dia, de nome Salat e esta estava a começar a acontecer naquele momento.

Lá seguíamos nós pelos caminhos cada vez mais estreitos com, por vezes, menos de um metro de largura, com o som da oração a ecoar e dezenas de homens a caminharem para a mesquita de oração, onde se encontravam mais outras dezenas deles a rezarem.

De repente começamos a ver crianças a correr por aquelas ruas e homens atrás deles, sem percebermos qual seria a razão. Enquanto caminhávamos com a intenção de nos dirigirmos à Madraça, porém, começámos a considerar que possivelmente o caminho não seria por ali e que estaríamos novamente perdidas. Este sentimento foi-se agravando à medida que a largura das ruas ia estreitando. Por vezes só cabia uma de nós e seguíamos em fila indiana, por aquele labirinto. Deparámos com um beco (muito comum dentro da Medina), ou seja, fomos confrontadas por estarmos outra vez perdidas. Teríamos de voltar para o local onde estavam todos os homens a fazer as suas orações e estarmos a invadir o seu espaço. Esta necessidade deixava muito desconfortável e com algum receio do que nos poderia acontecer, se algum sentisse que estaríamos a desrespeitar a sua religião ou cultura. Mas não havia outra hipótese, tínhamos mesmo de voltar para trás e passar por eles todos outra vez no meio das suas orações. Eles estavam ajoelhados no chão e nós nove mulheres a caminharmos em fila ao seu lado, silenciosas e sem sequer olharmos para ninguém para não os incomodar, se a nossa presença não estaria já a incomodar bastante o julgamento deles e a sua cultura.

Percebemos que as crianças masculinas corriam porque não queriam ir à oração e os homens corriam atrás delas, para as levar para dentro. Algumas delas conseguiram ser bem-sucedidas e por momentos pensei que iriamos ser assaltadas por elas passarem por nós a correr, como se a sua vida dependesse disso.

Tivemos de voltar a passar por todos aqueles homens a rezar em que os seus tapetes ocupavam dois terços do chão, dois homens

lado a lado e o outro terço servia para nós passarmos e parecia que o caminho nunca mais acabava.

Lembro-me que quase não respirava de tão constrangedor e aterrador sentimento, por temer que eles considerassem que estaríamos a desrespeitá-los. Depois de ouvir tantas vezes que os muçulmanos não respeitam as mulheres, ainda temi mais pela nossa vida e pela nossa segurança. Só comecei a respirar quando a rua começou a alargar e havíamos passado o espaço onde eles se encontravam a orar.

A Isabel abordou-me e me confrontou-me que só havíamos ido para aquela rua que nos levou a estarmos outra vez perdidas e ao local de culto, porque eu me tinha recusado a ir para a rua à esquerda anterior, por medo. Surpreendeu-me, mas eu não a tinha sequer ouvido a sugerir virarmos à esquerda anteriormente. Todavia, apercebi-me mais tarde que tínhamos de ter passado por aquele momento e agradecer que tudo tenha corrido bem. Foi mais uma experiência extremamente marcante nesta viagem. Senti que fomos protegidas por uma força maior, pois todo aquele momento tinha tudo para correr mal, mas correu bem.

Lá voltamos para a tal rua à esquerda e começámos a perceber que a madraça estaria próxima pela sinalética, quando nos deparámos com mais um evento fora do normal, desta vez quase à frente da porta da Madraça Ben Youssef. Vários homens seguiam em fila organizados e no meio, seguiam quatro a segurar uma maca de madeira com um corpo deitado em cima, coberto de lençóis. Depreendemos que se tratava de um funeral, mais uma vez algo inesperado e após alguma investigação na internet, depreendemos que nos funerais de homens, só estão presentes homens e não é usado qualquer caixão, apenas panos chamados de Kafan e o corpo é colocado diretamente na terra. Como nós seguíamos em direção contrária à do funeral, seguimos como se estivéssemos a remar contra a maré, mais uma vez no meio de dezenas de homens, mas sem gritos ou choros, algo mais comum na Europa Ocidental.

Naquele momento já me interrogava que tipo de escola é que estávamos para ir visitar, pois com todas as aventuras que estávamos a atravessar, parecia que das duas uma, ou não deveríamos ir visitá-la ou não deveria relatá-la no meu livro.

Lá conseguimos entrar na escola que o sultão Es Saadi Abdallah Al Ghalib acabou de construir em 1565 com uma área de 1680 m2, no bairro de Ben Youssef, perto da mesquita com o mesmo nome.

A madraça acolheu durante mais de quatro séculos estudantes nas mais variadas ciências, provenientes de todo o mundo. A sua arquitetura reflete o esplendor da arte de Es Saadi, considerando-se uma extraordinária peça de arte de arquitetura. É constituída por um pátio com uma piscina retangular no seu centro, tendo ao lado a sala de oração e rodeado por 132 quartos distribuídos em dois andares, muitos deles sem luz natural ou qualquer janela, apenas uma porta de madeira castanho-escuro com ferragens pretas e com um postigo que apenas se abria por fora. Algumas janelas tinham grades de ferro torneadas, quando em contacto com o exterior ou com luz natural, com postigos de madeira por dentro. Esta escola chegou a receber novecentos estudantes e foi encerrada em 1960, tendo sido restaurada em 2020 e passível de ser visitada.

Após todas as situações que havíamos passado até chegar à madraça, concluí que era sobre este templo que teria de escrever, sem qualquer margem para dúvidas. Apesar de não se tratar de um templo, mas sim um local onde milhares de alunos aprenderam o Alcorão, o livro sagrado do Islão, também chamado Corão, o qual exprime uma mensagem transmitida em voz alta ao profeta Maomé. A revelação oral só foi colocada sob a forma de livro cinquenta anos após a sua morte. A pregação original coloca a tónica no fim do mundo terrestre; na condenação dos pecadores, sobretudo dos ricos; e na felicidade eterna dos justos. A segunda parte da pregação em Meca incide sobre uma necessária unidade religiosa contra o politeísmo, que consiste na crença e subsequente adoração a mais do que uma divindade.

Não se trata formalmente de um poema, mas de uma prosa com rima. A autenticidade do texto foi notada pela proibição do uso de traduções para outra língua que não o árabe, pois o uso de textos traduzidos constituía uma violação. Hoje existe uma maior abertura, facilitando o acesso ao livro sagrado daqueles que não sabem o árabe. Preconiza um monoteísmo puro baseado na figura de Alá, a palavra para designar Deus em árabe.

Sendo indubitavelmente um local de culto e de oração elevado ao mais alto nível, por se tratar de uma escola islâmica onde a

oração era a prática diária, pelo facto de também eu ter criado uma escola, tornou-se claro que seria esta que deveria descrever.

Logo que entrámos, fomos ter ao pátio principal, ladeado por dois níveis de galerias arqueadas. As galerias são decoradas com azulejos coloridos com padrões geométricos lindíssimos e estuque esculpido, e conduzem às várias salas de aula e salas de oração.

No pátio principal havia uma porta enorme de estilo árabe, para a sala de oração, onde tirámos uma fotografia para registar neste livro. Este pátio era um local de um silêncio e de uma paz relativa. Até encontrei várias penas brancas no chão; uma pena branca em particular caiu mesmo à minha frente. Há quem diga que a presença de penas brancas, significa que os anjos estão connosco. A Márcia e a Isabel decidiram sentar-se no chão em posição de meditação, o que denotava a serenidade que se fazia sentir naquele local. O curioso é que víamos vários pássaros castanhos, tipo pardais, pequenos, mas as penas que encontrávamos eram todas brancas. Uma delas até voou para a mão da Mónica.

Em contrapartida, cada vez que entrava nos quartos onde no passado estariam os jovens estudantes, a sensação era de uma pressão enorme, por vezes até me arrepiava pela sensação de opressão.

As entradas em forma de *hall* dos quartos, muitas com bacias em pedra em forma de flor, eram todas bonitas e como haviam sido recuperadas, estavam limpas e denotavam cuidado. As paredes estavam todas brancas e o estuque decorado, cuidadosamente recuperado e perfeito. As portas envernizadas castanhas muito pequenas, com as ferragens em preto tinham trancas na horizontal também em preto. Todo o edifício tinha portas pequenas. Sendo que meço pouco menos de 1,60 m, todas as portas eram pouco mais altas que eu ou do que as minhas amigas.

O meu pensamento era que naquele local estiveram crianças sem luz natural, presas, com a obrigação de estudar o Alcorão, oprimidas, afastadas dos seus pais e da sua família, quer fosse pela sua vontade, quer não. As emoções que senti foi de medo, raiva, desilusão e tristeza, possivelmente o que muitas das crianças sentiram ao estarem a viver naquele local.

Em que tipo de adultos se tornaram estas crianças, que passaram por esta realidade? Que pais foram, que homens foram para a

sua sociedade? Não sabemos, com certeza. Alguns tornaram-se resilientes e pacientes, outros sofridos e revoltados, outros fundamentalistas e crentes e, possivelmente, outros guerreiros e rebeldes.

Como diretora de uma escola, tudo o que me passava na cabeça naquele local, era que um dos únicos sentimentos que não se deve sentir numa escola é a opressão, mas sim a diversão de aprender. Que a curiosidade é uma virtude para sabermos sempre mais e mais. Que o mundo precisa de pessoas estudiosas, criadoras que potenciem o desenvolvimento de um mundo melhor, mais saudável a todos os níveis, mais bonito de se viver, onde tenhamos gosto e prazer em criar filhos e atividades que nos façam felizes. Mas acima de tudo, que as escolas nos proporcionem experiências que nos enriqueçam como pessoas e como seres humanos, passando estes conhecimentos de geração em geração, de uma forma divertida e muito alegre.

Nada do que senti nas várias divisões da madraça era compatível com este sentimento que defendo para uma escola. Contudo, na saída havia um ritual que eu e a Mónica fizemos questão de seguir, que era a de lavar as mãos numa fonte.

O lavar de mãos nesta altura, além da prática corrente que foi defendida na pandemia e uma regra de higiene do ser humano, para prevenir doenças, também me ocorreu a expressão de "lavar as mãos como Pôncio Pilatos" que significa fugir à responsabilidade de tomar decisões difíceis. Quando Jesus foi crucificado, Pôncio isentou-se da responsabilidade, dizendo "estou inocente deste sangue, lavo as minhas mãos".

Pois quem passou por aquela escola não conseguiu nunca se isentar da responsabilidade de educar seres humanos. Eles tinham a missão de gerar nos outros, de geração em geração, com traumas de infância, com pouco amor, com sentimentos muito negativos na sua essência. Estes terão, com certeza, sido superados por uns, mas culminando na sua repetição por outros nas gerações seguintes. Sendo o processo passado, sempre com a noção global de estarem a fazer o melhor pelos seus seguidores, perante as suas crenças e os seus valores.

Para mim ser crente é algo importante. Devemos crer sempre em algo. É uma forma de alimentarmos a esperança e acreditarmos

que o futuro poderá ser sempre melhor, assim como, que há uma força superior, que tudo o que passamos tem uma razão de ser para o nosso desenvolvimento e para fazer jus ao nosso processo de crescimento, enquanto pessoa e alma.

Acredito piamente que se formos crentes a nossa vida é melhor e mais prazerosa. Ao fim e ao cabo, se eu não tivesse acreditado em pequena que o meu futuro seria melhor do que a minha infância, não teria chegado aqui e não teria conseguido proporcionar esta viagem às minhas amigas, às minhas mães adotivas.

Todas aquelas crianças que passaram por aquela madraça, algumas podem ter acreditado na fé de conseguirem ser melhores e outras não. Tudo pode ter dependido da forma como foram ensinadas e do seu contexto externo em que cresceram.

Muito se fala hoje no ensino que não evoluiu e que é praticado como há cinquenta anos, tornando-se aborrecido, pouco prático e por vezes desadequado para os dias de hoje, ensinando às crianças tudo como se ensinava no século passado, sempre da mesma forma.

Ora se tudo evoluiu, até a escrita evoluiu, o mundo evoluiu e a educação também tem de acompanhar essa evolução.

Quase todas as minhas amigas conviveram comigo na escola, começando pela Sílvia que era da minha turma no ensino básico e secundário. A João, a Tânia e a Isabel que me acompanharam nos estudos universitários. Elas conviveram com uma aluna que adorava tudo o que era prático, mas rejeitava tudo o que era de empinar e debitar, apenas porque sim, porque fazia parte do conteúdo programático, com uma praticabilidade mínima.

Curioso que essa aluna se tornou formadora e professora, inicialmente do ensino básico e depois do ensino universitário. Por vezes, contrariando os diretores, tornava as aulas quase sempre práticas e divertidas com atividades e projetos onde a aprendizagem era pela descoberta e pela ação. Mesmo ensinando Sociologia, Gestão de Recursos Humanos ou Comportamento Organizacional, é possível tornar o ensino divertido e interessante à aprendizagem.

Se dá mais trabalho para o professor? Possivelmente dará, mas tem uma repercussão no aluno muito superior do que ensino tradicional, em que o aluno é uma parte passiva. Muitos defendem ainda que determinadas disciplinas não são passíveis de formação

pela ação, mas na minha singela opinião, tudo é passível de passar por essa metodologia. Pode precisar de mais tempo para a sua passagem, mas os efeitos são claramente superiores e acima de tudo o aluno diverte-se, por sua vez, apreende o conceito para sempre e consegue colocá-lo em prática, quando é necessário, independentemente do seu estado ou ciclo de vida.

Curioso também foi que quando saímos da madraça, reparei que todas as minhas amigas estavam sentadas num banco mesmo em frente à porta e olhavam para a sua esquerda, ou seja, para a minha direita. Não percebia o porquê, mas riam-se e não largavam os olhos de um belo rapaz com um chapéu, numa *scooter* super engraçada.

Vinha com a cabeça ainda baralhada, pois as sensações e os pensamentos não eram muito bons. Mas ao mesmo tempo via as minhas amigas a tirarem fotografias muito giras por todo aquele templo, assim como, eu também fiquei com alguns registos para mais tarde recordar, de um local aparentemente muito bonito e muito bem conservado da cultura islâmica.

Fui ter com elas para perceber o que se passava para elas estarem a rir-se tanto e descobri que elas estavam a observar um rapaz que estava a gravar um vídeo. Ele tinha cabelo comprido, apanhado em rabo-de-cavalo, com uma camisola de alças e calças brancas, com uma camisa verde garrafa aberta, com um chapéu tipo safari bege, onde se via um corpo bem trabalhado no ginásio. Então dirigi-me a ele para lhe perguntar o que estava a fazer, com uma lata que me é particular. Ele lá me explicou que era um i*nfluencer* e que estava a gravar um vídeo para o seu Instagram. Ao que lhe perguntei o seu nome nessa plataforma para o seguir, tendo sido muito simpático ao dar-me o mesmo – davidbodasvb. Por fim ainda tirámos uma fotografia juntos e ele explicou-me que era espanhol.

O curioso foi sair de um espaço como a madraça onde a opressão era o sentimento mais forte e dominante de uma atividade tão antiga, e chegar à rua onde a animação era a palavra de ordem e uma profissão tão recente de *influencer* estava a acontecer no seu exterior.

Como em minutos podemos mudar as nossas emoções e os nossos sentimentos, dependendo apenas dos fatores externos e

das pessoas que nos rodeiam e, claro, da nossa predisposição e disponibilidade.

Por ali continuámos mais uns dias, a divertirmo-nos todas juntas, a celebrar a vida, a nossa amizade e o nosso amor. Foi um fim de semana prolongado que soube muito bem, com muita animação, diversão, risos, aventuras, alguns receios e uma oportunidade fantástica de estarmos todas juntas, sem responsabilidades de trabalhos, casa, filhos ou maridos, num local novo para a maioria e muito desejado por algumas, completamente fora da nossa zona de conforto.

Tenho esperança e fé que haverá mais viagens destas com o nosso grupo Terra Mãe.

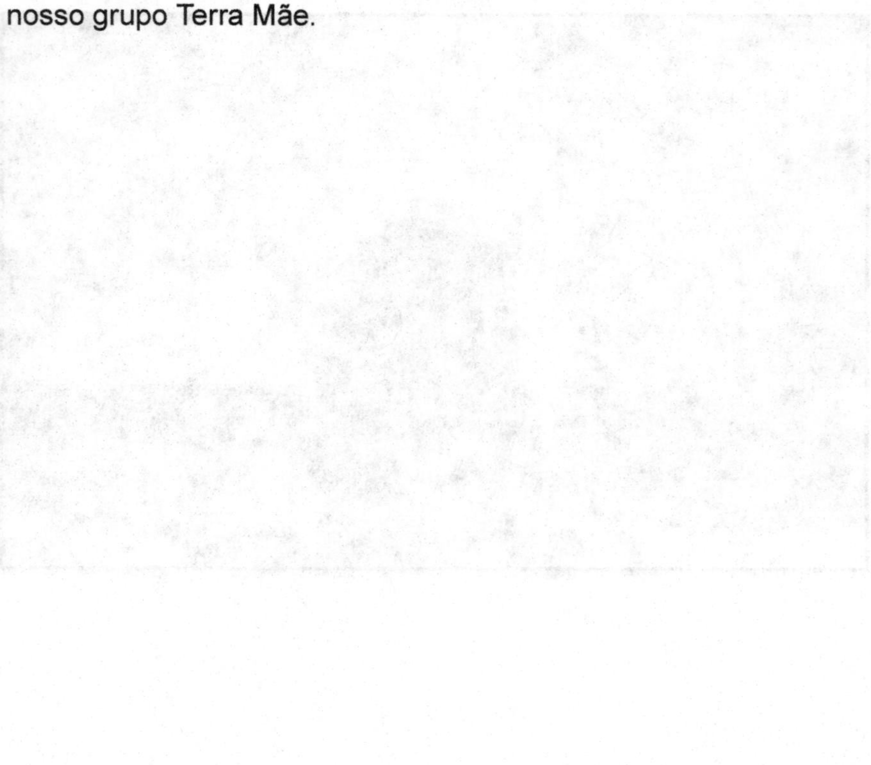

7

Santa Sofia, Istambul - Turquia

Ayasofya, ou Agia Sophia, significa Sagrada Sabedoria, trata-se de um templo edificado em 537 inicialmente construído para ser a catedral de Constantinopla, atualmente cidade de Istambul, na Turquia.

É um edifício imponente e surpreendentemente atual. Foi maior catedral do mundo durante quase mil anos, até ter surgido a catedral de Sevilha, Espanha, em 1520.

Uma das curiosidades do nome deste templo prende-se com o facto de entendermos que o seu nome, trata-se de uma homenagem à Santa Sofia. Contudo, Sophia é a transliteração fonética em latim da palavra grega "sabedoria", e o nome completo do templo em grego é Igreja da Santa Sabedoria de Deus.

Este edifício é o terceiro no mesmo local; tendo os dois anteriores sido destruídos em revolvas civis e desastres naturais. É famosa pelo seu domo, uma enorme cúpula com o seu ponto mais alto a 55,6 metros do chão. Com vários semi-domos com o diâmetro idêntico ao principal, suportados em cerca de quarenta janelas arqueadas, sendo considerada um epítome da arquitetura bizantina e um grande feito de engenharia. A última foi construída como basílica, maior e muito mais majestosa que as anteriores e inaugurada a 27 de dezembro de 537.

Da minha parte, havia uma grande expetativa em relação à mesma, pois uma amiga, a Francisca, que a tinha visitado, aquando do seu programa de Erasmus, tinha mencionado que havia ficado muito impressionada pela sua sumptuosidade. Ou seja, tinha criado

grandes expetativas, o que é completamente errado, mas difícil de evitar.

Ao estudar este templo, confrontei-me com o fato de este espaço de culto já ter passado de igreja católica romana para mesquita em 1453, numa tentativa de converter a cidade para o islamismo até 1935. Passou ainda anteriormente por Igreja Ortodoxa e como um Museu Secular de 1935 a 2020, convertendo-se novamente numa mesquita, com os seus quatro minaretes, típicos de um templo do islamismo.

É extraordinário a evolução dos tempos ao nível das religiões, num país do médio oriente 8,5 vezes maior que Portugal que divide a Europa e a Ásia, com o seu estreito Bósforo, que liga o Mar Negro ao Mar de Mármara.

Mais uma vez numa viagem para celebrar o meu aniversário, desta vez o quinquagésimo primeiro, eu e o meu marido Paulo decidimos fazer uma paragem estratégica neste país para visitar este templo e a cidade, sobre a qual tinha alguma curiosidade.

Marraquexe tinha sido uma aprendizagem e uma primeira etapa para visitar um país de tantos contrastes, novamente, mas não tão intensa como a primeira.

A cidade é um misto de ocidente e oriente, com homens vestidos com túnicas escuras e turbantes, mulheres que só podem mostrar o rosto e as mãos, a conviverem com homens e mulheres vestidos de forma Ocidental. Existe sempre um número elevadíssimo de turistas na cidade, pelos vários tons de pele que se visualizam pelas ruas. Para além disso, é um centro mundial único de cirurgia plástica ao nível do nariz e dos transplantes capilares.

Em questão de odores e higiene, mais uma vez, emergimos numa cultura onde estes aspetos são pouco cuidados, comparativamente com os Ocidentais e Europa central, mas muito melhor que Marrocos.

O mais significativo era a quantidade de lojas ou os r/c de vários prédios em que, no interior dos pilares de suporte, o que mais parecia era que tinha rebentado ali uma bomba na passada hora e que não havia sido limpo os destroços da mesma. Ou seja, não há limpeza de demolições ou de lojas devolutas, nem contentores para colocar os escombros, passando uma ideia de guerra e destruição massiva,

a conviver diretamente com esses prédios, que a partir do 1º andar eram inovadores, modernos, como por exemplo, espelhados.

É uma cidade com imensa população, com mais de quinze milhões de habitantes, fora os turistas que naquela semana eram aos largos milhares, sendo uma média de cinco milhões de turistas anuais.

Os espaços comerciais vão das maiores marcas Ocidentais dos principais designers mundiais até ruas ou avenidas intermináveis de lojas locais com todo o tipo de mercadorias que o leitor possa imaginar.

No centro da cidade tem um Grand Bazar. Foi uma verdadeira aventura, pela imensidão de pessoas e corredores extremamente apertados rodeados de tendas comerciais. Mais uma vez, tudo se vendia ali, desde vestidos de noiva, a tachos, sapatos, comida e tudo o que pode existir de contrafação, desde carteiras a lenços.

É uma cidade de contrastes, por um lado evoluída como as cirurgias plásticas, por outro, com imensas pessoas vestidas com túnicas muçulmanas e tapadas da cabeça aos pés.

Decidimos ir ao nosso templo, à mesquita Santa Sofia, ou Agia Sofia, num domingo à hora do almoço. Digamos que não foi certamente o melhor dia ou momento, isto porque quando lá chegamos tínhamos uma fila que circundava o largo em frente à porta, tipo serpentina, continuava na rua ao lado do jardim que nos leva à Mesquita Azul, que fica mesmo no lado oposto ao Parque Sultanahmet, e ainda dava uma volta por aí. Hesitámos se ficaríamos ali aquele tempo todo à espera, mas não tínhamos grande hipótese, porque só estávamos lá mais aquele dia inteiro, então aguentámos na fila.

Foram mais de noventa minutos na fila, com muitas chatices pelo meio, pois muitas pessoas infiltravam-se na fila. Os jovens de uma escola turca, com os seus professores entravam e saíam da fila, e todos reclamavam e falavam muito alto, numa língua que eu não compreendia, mas percebia que estavam muito exaltados e revoltados.

Para terem noção, recordo-me de três senhoras com um ar distinto, aparentemente Ocidentais, muito bem vestidas e de óculos escuros, que chegaram à fila. Nós já estávamos mais ou menos a

meio, mas conseguiram furar a fila. Vimo-las a sair da mesquita quando ainda estávamos prestes a entrar. Foi uma longa espera ao sol durante a hora de maior calor.

Durante este tempo foi muito interessante, porque à semelhança de Marraquexe, os microfones das mesquitas estão virados para o exterior e há orações proferidas por homens durante algum tempo. Como as mesquitas Sofia e Azul estão a uma distância de quatrocentos e cinquenta metros e estávamos no meio, ouvíamos as suas rezas alternadas e por vezes as duas ao mesmo tempo, o que era uma poluição sonora imensa, pois não entendíamos uma única palavra, mas não deixava de ser interessante, pois deve ser algo diário.

Quando estava na fila houve uma borboleta laranja que fez um voo rasante à minha cabeça, recordou-me logo o templo do México em Tulum. Depois e mesmo antes de entrar apareceram mais duas borboletas. Uma delas era laranja, como o era a do Templo das Pinturas em Cobá. Fui verificar o que poderia significar ver borboletas laranja e entre muitas explicações, apareceu-me uma que considerei maravilhosa para a minha situação – "O significado da borboleta laranja está associado à paixão, ao cuidado e à transformação. Muitas culturas associam a borboleta laranja com o sol, o fogo e a vida em si. Por isso, elas são símbolos de boa sorte e de que feridas do passado serão finalmente transmutadas". - https://sonhoastral.com/articles/2208.

Para entrar tive de cobrir a cabeça e tivemos que ambos tirar os sapatos. Pela primeira vez, vi uma ala para as mulheres e outra ala para os homens colocarem os seus sapatos. No Dubai já tinha visto locais de oração especificamente para homens e outros para mulheres, até no aeroporto, em centros comerciais ou no Autódromo de Abu Dhabi, mas aqui foi uma nova questão: um único local de oração, mas com a separação dos sapatos.

Quando retirava os meus sapatos, houve um senhor Ocidental que me veio perguntar em inglês corrente, completamente desorientado, se naquele local só poderiam entrar mulheres. Ao que eu respondi que não; ele teria apenas de ir colocar os sapatos na outra parede e poderia entrar.

O meu sentimento naquela mesquita foi de uma total segregação e discriminação. Julgo nunca ter sentido algo tão forte até então.

Nunca fui uma mulher feminista. Até considero que fui uma Maria rapaz em criança. cresci com homens - um pai, um irmão e amigos do irmão. Fiz tudo o que os rapazes faziam. Andava de mota, comecei a conduzir carros muito nova, fazia esqui na água, andava de mota de água. Experimentei tudo o que os rapazes faziam.

Naquele templo fiquei triste em ver um local de culto para os homens no altar principal, restrito e vedado apenas para os homens, pois tentei entrar e não me deixaram. Numa lateral do interior da mesquita, estava um retângulo, como se de uma casa se tratasse, com grandes janelas de alto a baixo e um teto, sem vidros, onde estavam as mulheres ajoelhadas e com as suas cabeças no chão, a rezar. É como se fosse uma gaiola destinada às mulheres. Entrei nessa "casa" e senti uma submissão, quase como que uma humilhação. Estas mulheres tinham um olhar triste, desgastadas pelo tempo, com lenços na cabeça como a minha avó usava há quarenta anos. Não se incomodaram com a minha presença, mas nunca sorriram quando olhei para elas com um sorriso.

Fora dessa "casa" senti uma paz e um imenso conforto. Toda a mesquita tem uma alcatifa azul-turquesa muito bonita e tem um grande candeeiro central suspenso, mas muito baixo com lâmpadas amarelas. Vários candeeiros mais pequenos em forma circular, tipo trevo, estão dispersos pela mesquita. É um ambiente que convida à reflexão, bastante simples, apesar do local ostensivo e do poder que imana.

É uma mesquita de contrastes. Já foi uma igreja, um local de oração, mas hoje há uma marginalização das mulheres. Este tema levou-me a investigar um pouco do papel da mulher no Islamismo.

Em termos de história as mulheres nunca foram tratadas de forma igual aos homens no Islamismo, assim como, no Cristianismo. Governantes e eruditos impuseram um sistema de desigualdade, que justificaram pelas interpretações que faziam do Alcorão e das tradições do Alá. Enquanto no século VII as mulheres eram consideradas propriedade e não havia qualquer limite à poliginia, ou seja, o homem podia contrair matrimónio com várias mulheres, mas a mulher só podia ter uma relação. O Alcorão trouxe algumas limitações em que a mulher poderia escolher o seu próprio parceiro

para casar. Contudo, determinou que o homem poderia ter até quatro esposas, se ele as pudesse sustentar e tratá-las de forma igual.

No caso das mulheres é proibido o casamento com mais de um homem e este tem de ser muçulmano, embora um homem possa casar com uma não-muçulmana.

As restrições vão até ao facto de as mulheres poderem trabalhar: mas o marido tem de autorizar. No caso dos Emirados Árabes Unidos, a mulher não tem autorização por exemplo, para conduzir, e não pode tirar o véu da cabeça.

Em resumo e, segundo o Alcorão, à mulher é exigida obediência no sentido que ela cumpra com os desejos e caprichos do homem, e caso esta não o faça, é permitida a violência física.

Hoje no século XXI para uma Ocidental esta questão é completamente ridícula, mas não é preciso ir muito tempo atrás, para me recordar que o meu Pai dizia que antes do 25 de abril de 1974, em Portugal, a mulher para tirar a carta de condução precisava de ter uma autorização do marido, ou seja, há quarenta e nove anos. Caso não fosse casada, não tinha sequer esse direito. Também me recordo, quando era pequena, que o meu Pai e muitos homens discriminavam uma mulher quando ela era divorciada. Apelidando-a com descrença, por esse estado civil, e que esta tinha vergonha quando envergava o seu bilhete de identidade, antigo cartão de cidadão, onde aparecia o estado civil da pessoa, algo que não incomodava qualquer homem.

Como mulher Ocidental, com formação, considero este tratamento de diminuição da mulher inconcebível e questiono-me como isto é possível nos dias de hoje.

Há mais de vinte e cinco anos, aquando da conclusão do meu mestrado em Gestão de Recursos Humanos, no Reino Unido, desenvolvi uma tese em que o tema era *What Prevents Women Getting to the Top*. O meu objetivo era tentar perceber porquê tão poucas chegavam a locais de topo, um local que eu auspiciava chegar. Pretendia concluir o que tinha de fazer, ou não fazer, para ter a tão almejada posição.

Cheguei a várias conclusões: uma foi que concluí que os homens discriminavam as mulheres, porque elas faltavam muito quando eram mães, e muitas delas abandonavam as profissões quando

abraçavam a maternidade. Também as mulheres que chegavam ao topo eram piores para as outras mulheres, porque muitas delas tinham abdicado da maternidade em favor da profissão, do dinheiro e do poder. Eram o que eu chamo "umas cabrinhas". Ainda hoje, em 2023, enquanto escrevo, menos de 30% das posições de topo em Portugal são ocupadas por mulheres e somos muito mais qualificadas.

Ora uma coisa eu decidi nessa altura, eu queria ser mãe e queria chegar ao topo. E consegui. Aos vinte e nove anos era diretora de Recursos Humanos de uma grande empresa e administradora, mas ainda não era mãe...

Aos trinta e um anos tornei-me mãe. Não faltei um dia na gravidez e não coloquei um dia de baixa. Tirei dois meses de licença de maternidade, mas continuei a trabalhar em casa nesse período. Depois o meu filho ficou com a avó paterna um mês e aos três meses foi para a creche.

Foi difícil de conciliar, como qualquer mãe que tenha passado, pelo puerpério, vai dizer que sim. Foram muitas noites seguidas a dormir muito poucas horas, com muitas interrupções para dar de mamar e para mudar fraldas. Quando tudo parecia que estava controlado, começava tudo outra vez, sem nos apercebermo-nos que já tinham passado cerca de três horas de rotina, vinte e quatro horas sobre vinte e quatro. Agora acrescentem a esta rotina, ler e responder a e-mails, teclar a dar de mamar, ao mesmo tempo, receber o motorista da empresa a determinada hora, com os papéis para assinar tudo e devolver na hora combinada. O bebé não tinha horas e muito menos nós, atender chamadas durante o dia com problemas para resolver, quando as noites tinham tido apenas algumas horas de descanso, interrompidas com leite e fraldas.

Foi difícil de conciliar, não há dúvida. Ao fim de dois meses, tudo o que eu queria era voltar ao trabalho, pois uma rotina de leite e fraldas, por muito bonito e apaixonada que eu estivesse pelo meu filho, era demasiado redutor para a minha personalidade. Sentia-me burra e incapaz, com a memória num fragalho. Investia mil e quinhentos por cento da minha energia, para ter um resultado de uns quinhentos por cento, na melhor das hipóteses, na minha singela opinião. Esta situação começou na gravidez, mas agravou-se significativamente na licença de maternidade.

Arrastava-me ao supermercado, para conseguir sair de casa uns minutos e, quando lá chegava, ou tinha tudo escrito ou não trazia nem metade do que era necessário, sempre com o medo da criança começar a chorar de fome ou de dores de cólicas e passar uma vergonha.

Não via o dia que iria voltar à empresa, mas ao mesmo tempo, tinha um sentimento de culpa, por o ir fazer antes do fim da licença de parto e deixar o bebé com a avó durante um mês. Ela, por sinal, já tinha tido quatro filhos, um dos quais o pai do meu filho, mas eu achava-a incapaz de tratar do seu neto, pelo menos com as minhas regras.

Quando somos mães, pela primeira vez, lemos imenso e criamos um guião – como ser a melhor mãe do mundo – uma grande falácia, pois queremos que tudo seja da forma como imaginámos ser o mais correto. Pior ainda, não aceitamos que ninguém falhe à nossa volta e coloque em causa a nossa missão. Ora quando dependemos de outros, mesmo que seja a avó do bebé, colocámo-nos em sistema de alerta e controlo máximo.

No meu caso, a solução para garantir o sucesso da estadia do meu filho na casa da avó, segundo as minhas regras, era uma folha de Excel, com os dias da semana em grelha com o horário de cada uma das tarefas diárias, que tinham de ser cumpridas religiosamente, para que tudo corresse bem. Alguma etapa poderia ser colocada em causa, caso a avó não cumprisse com alguma rotina de alimentação ou de sono. O que iria interferir com o desenvolvimento da criança e com o hábito que tinha criado nos dois meses anteriores.

Como é óbvio, e todas as noras e filhas deverão esperar, as avós não cumprem com o que é esperado, porque a experiência assim lhe diz que nenhuma regra, levada a um extremo, é boa, nem para o bebé, nem para a mãe. É ainda mais difícil para a avó, porque significa muita pressão e esta conduz a stress, o que é completamente desnecessário nesta fase da vida, de todos os intervenientes.

O meu primeiro filho hoje tem quase vinte e um anos de idade e tem um sentimento de responsabilidade idêntico ao que a mãe tinha na sua licença de maternidade, uma ansiedade igual ou superior à que a mãe sentia nessa altura. Mas a sensação que eu senti até hoje, foi que a minha missão foi cumprida, quer enquanto mãe,

quer enquanto profissional, provando que, com algum esforço e com bastante cooperação do pai e da família, tudo se consegue e, que os demais, à nossa volta, adoram mesmo ajudar-nos. Para a criança é uma mais-valia, pois aprende a lidar com as várias formas de uma mesma situação, criando-lhe uma adaptabilidade que é extremamente valorizada nos dias de hoje na realidade profissional e pessoal, derivado do mundo estar em constante mudança.

Concluo, que ser mãe e ser uma profissional de topo é possível, sem deixar ficar ninguém mal. Podemos satisfazer quer a empresa que confia e precisa de nós para atingir determinados resultados, quer os nossos filhos que precisam do nosso leite e do nosso cuidado, colo e carinho, sem falar do nosso útero para serem seres humanos.

Antigamente, as mulheres trabalhavam nos campos e tinham os filhos quase lá. A minha avó contou-me que andava na monda do arroz e que a minha mãe quase nasceu lá, pois nunca deixou de trabalhar. Havia uma licença de parto de duas semanas, quando havia e, imediatamente a mulher regressava às suas lides de trabalhadora, de mãe e dona de casa, por vezes de muitos filhos e quase todos os anos tinha filhos. Por exemplo, a minha avó paterna teve oito filhos, ou seja, pelo menos durante oito anos, teve um recém-nascido por ano, sem nunca deixar de cuidar da casa, do campo e dos outros filhos. O meu avô tinha um papel secundário na colaboração para a família, pois era apenas uma parte do rendimento do sustento da mesma. E quanto o meu Pai admirava a sua mãe? Era como se fosse uma deusa para ele.

Hoje em dia chegámos ao outro extremo da situação e ainda nos queixamos. Em Portugal existe uma moda em que qualquer mulher, assim que engravida, coloca uma situação que se chama "gravidez de risco". Isto acontece com a conivência e incentivo dos médicos, especialmente médicos do sexo masculino, que nunca e alguma vez estarão grávidos, por muito que a ciência evolua. Esta situação possibilita que a mulher fique em casa toda a gravidez (desde que tem conhecimento do fato) até ao dia do parto, com um subsídio do rendimento bruto que auferia, se estivesse a trabalhar. De facto, acaba por receber mais do que se estivesse no ativo, pois este rendimento é livre de impostos e de descontos para a Segurança

Social. É claramente um incentivo para a inatividade e para enganar a Segurança Social.

Mas também é uma prática que prejudica claramente o papel da mulher na sociedade profissional. As empresas são desencorajadas de selecionar ou promover qualquer mulher para um lugar de chefia ou de topo, pois a qualquer altura ela poderá telefonar para a sua chefia ou enviar um e-mail a comunicar que está grávida e que, no dia seguinte, já não irá trabalhar, porque está com uma gravidez de risco, sem qualquer aviso prévio.

Ora, isto não acontece a nenhum homem. Podem acontecer muitas outras coisas, mas nunca esta. Prejudicando clara e indiscutivelmente o papel da mulher na classe trabalhadora e debilitando o seu papel na sociedade e nas empresas.

Como ultrapassar esta situação e evoluir para uma situação mais igualitária e sustentável na equidade de papéis na sociedade?

Basta-nos seguir o exemplo dos países nórdicos, como a Finlândia, Dinamarca ou Suécia onde o papel do pai é idêntico ao da mãe. A gravidez de risco é usada só e apenas quando há risco para a mãe ou para o bebé, o que nos dias de hoje, com o avanço da medicina, é apenas em casos de um descolamento de placenta e pode durar apenas duas ou três semanas. A mulher poderá regressar ao trabalho após esse período e não ficar de baixa os nove meses de gravidez.

A licença parental já existe em Portugal há muitos anos. À semelhança dos países nórdicos, assim como, no centro e norte da Europa, após o nascimento, a mãe tem direito e gozo obrigatório de quarenta e dois dias de licença de maternidade, com o respetivo subsídio de maternidade, correspondente ao valor bruto do seu rendimento anterior antes da licença; o pai pode gozar os restantes dias até ao total de 120 ou 150, dependente do rendimento global. Com a questão de a parentalidade ser igualitária entre pai e mãe, como o trabalho a tempo parcial até a criança perfazer um ano de idade, deixa de ser penalizador e discriminatória para a mãe.

Contudo, esta é a lei em Portugal, mas na prática ainda é a mãe goza a licença parental na sua totalidade e o pai tem o discurso, que se o fizer, a entidade patronal o penalizará. A mãe ainda argumenta que como amamenta torna-se difícil conciliar esta prática com o

trabalho, apesar de haver forma de retirar leite e ser o pai a dar o leite materno ao bebé.

Há uma questão de base que reina entre as mulheres e mais ainda enquanto mães, que só elas conseguem ser as melhores, que os pais não conseguem fazer tão bem, determinados papéis, como cuidar da casa, da roupa e, como é óbvio, serem pais. A última que ouvi é que as mulheres são mais carinhosas e conseguem satisfazer melhor as necessidades dos filhos, algo que os pais não conseguem tão bem, não podendo concordar com tal afirmação.

Esta discussão é muito antiga e acredito que por vezes até exista alguma razão em alguns casais, mas muito por culpa das mães que educaram desde logo os filhos a não tratar da casa e as filhas a assumirem essa responsabilidade em exclusivo. Algo que vai passando de geração em geração e que nós, na presente, acabamos por o fazer também, promovendo esta iniquidade e falsa incapacidade nos homens.

Na minha singela opinião como mãe de três rapazes, cabe à mãe e ao pai mostrar que se queremos um mundo justo e igualitário, esta situação não pode continuar. Se existe tanta evolução em tantos aspetos e temas, também neste aspeto, a sociedade terá de evoluir.

Costuma-se dizer que as leis forçam comportamentos, mas em Portugal a lei acaba por ser apenas uma falsidade, pois só se vê pais a gozarem a licença parental quando as mães são trabalhadoras independentes e por isso têm um subsídio de maternidade mais baixo, sendo o valor a média dos últimos doze meses. Ou então as mães são advogadas e têm de cumprir com prazos de tribunais apertados, ou os pais são funcionários públicos, como professores, onde as licenças são tiradas de ânimo leve. Se o salário bruto dos pais é superior, acaba por ser a questão monetária a prevalecer, em desfavor da questão de equidade entre os pais.

Ainda existe a questão da aleitação em que ambos os pais podem tirar até a criança perfazer um ano de idade. Esta corresponde a duas horas por dia e pode ser gozada de forma alternada pelo pai ou pela mãe. Mais uma vez em Portugal é na prática, exclusivamente gozada pela mãe. A amamentação pode ser facilmente substituída pelo retirada do leite e ser o pai a fazê-lo. Isto acontece em muitos casais durante a noite, para que a mulher consiga ter uma noite de

sono contínuo, necessária para compensar a privação de sono a que é sujeita, mas durante o dia acaba por ser sempre a mulher a ser penalizada.

Por último, quem é pai sabe que as crianças pequenas adoecem imensas vezes, porque estão a desenvolver o seu sistema imunitário e por isso em Portugal existe um subsídio por assistência ao filho até aos doze anos de idade, que é equivalente ao valor líquido do salário médio, como se estivesse a trabalhar, até trinta dias por ano. Pode ser gozado pelo pai, mãe ou até pelo cônjuge de um deles, desde que viva em "comunhão de mesa", o que significa que vivem na mesma casa.

Acontece que, infelizmente, e na prática é sempre a mãe que goza estas licenças, utilizando o argumento de que o pai não tem tanta sensibilidade, não entendendo, ainda, se é responsabilidade maioritária da mulher ou se é o pai que também se intitula de incapaz de levar um filho ou filha ao médico, por atribuição da mãe ou por auto intitulação. Considero também que é muito conveniente para o pai, não se prejudicando nunca no seu trabalho, sendo que, quando o faz, é alvo de comentários ou questões, de "Porque não vai a mãe"? Por ser ainda tão pouco comum.

O que sei é que há neste momento casais onde existem dois pais, ou em muito pequena escala, pais que assumem o papel de encarregado de educação e que são por vezes até "donos de casa" e onde vejo que o seu grau de eficiência é igual ou até superior à da mãe. Há também casais, onde a partilha de papéis está muito bem definida e que equilibram muito bem as suas funções de pais. Infelizmente ainda são raros e só acontecem mais em grandes cidades do país e por trabalhadores de empresas multinacionais, mais influenciados por práticas culturais dos países de origem dessas mesmas empresas.

O resultado desta prática é que infelizmente estamos a submeter as mulheres a um papel na sociedade que acaba por penalizá-las no mundo profissional e por sua vez, torna-as mais submissas num casamento ou numa relação, pela presença de baixos rendimentos ou até a inexistência destes, tornando-a dependente do rendimento do pai e com um papel submisso na relação. O que é péssimo, pois qualquer dependência é nefasta. Mais ainda, em caso de rutura, deixa a mulher numa situação de miséria ou a conviver com uma

situação insustentável, por necessidade. Não permitindo ainda, que a mulher lute por uma realização profissional em desfavor da maternidade, tornando-se extremamente injusto.

Algo que sempre disse, desde que abracei a maternidade, era que para ser uma boa mãe, tinha de estar feliz e realizada. Para isso, tinha de conseguir fazer aquilo que mais gostava e ser autónoma, não depender de ninguém. Foi sempre isso que fiz, com a grande ajuda do meu marido, que colaborou sempre e, com a ajuda de algumas pessoas a quem pedi ajuda e ainda continuo a pedir, para conseguir equilibrar a vida de mãe, profissional, mulher e amiga, da forma que me deixe feliz e realizada.

Acredito que sou uma privilegiada, mas acredito que esta situação está ao alcance de qualquer mulher. Basta defender o seu ponto de vista. Não achar que é supermulher; não se levar à exaustão, de fazer tudo sozinha, mas sim dividir tarefas com o marido ou companheiro, com os filhos e com os demais à sua volta, promovendo uma vida equilibrada a todos os níveis. Existe um belíssimo exemplo na Europa neste momento, que exerce o cargo de presidente da Comissão Europeia, a alemã Ursula von der Leyen, com sete filhos e com uma anterior profissão de médica. Vê-se que é uma mulher realizada, feliz, competente naquilo que faz desde 2019 e nada a impediu de chegar onde chegou, nem a maternidade por sete vezes.

Envergonha-me que em Portugal, o meu país, que a desculpa de uma gravidez de risco seja uma prática corrente, sem qualquer necessidade ou risco para nenhuma das partes, bebé ou mãe, por uma questão de ócio e rendimento superior. Isto prejudica a Mulher, pois a gravidez nunca foi e nunca será uma doença, salvo raros casos. Tanto que até no fim da mesma, os médicos aconselham caminhadas e muitas destas mulheres que não vão trabalhar, por estarem com gravidez de risco, têm o seu dia a dia totalmente normal, indo até para o ginásio, porque a baixa médica assim o permite.

No meu entender é uma fraude e o Estado Português já deveria ter defendido junto da classe médica que esta licença só deveria ser utilizada em casos estritamente necessários. Ainda, o seu subsídio deveria ser no máximo o equivalente ao valor como se a mulher estivesse a trabalhar, nunca mais alto. Já ouvi à minha volta, que

este subsídio promove a taxa de nascimentos, algo que Portugal e a maior parte dos países Ocidentais necessita. Na minha singela opinião, a única coisa que este valor promove é a fraude e um péssimo exemplo para o país do meu coração. Justo seria o valor do subsídio ser 65% da remuneração média dos últimos seis meses, que é o que qualquer pessoa recebe quando está doente mais de três dias, equivalente a uma baixa médica, pois deverá ser uma situação extraordinária e não uma regra ou moda.

Com estes comportamentos que são altamente penalizadores para a mulher, queremos ganhar igual aos homens nas empresas. Queremos ter as mesmas oportunidades de carreira. Queremos ter papéis de destaque nas organizações. Não gostamos e apontamos o dedo, de uma forma acusatória, quando numa entrevista nos perguntam se temos filhos pequenos ou se pretendemos ter nos próximos anos - algo que nunca é perguntado a um homem.

Por consequência desta iniquidade e práticas que são quase totalmente da responsabilidade da mulher, ainda hoje ganhamos menos 13% do que os homens em Portugal, na mesma profissão e com mais qualificações (fonte: GEP - Gabinete de Estratégia e Planeamento, do Ministério do Trabalho, Solidariedade e Segurança Social em 2023). Nos Estados Unidos da América é apenas de 8% e apenas nas camadas mais jovens.

Voltando à questão da submissão da mulher em países islâmicos e da sua incapacidade financeira ou social, considero que o homem tem um papel fundamental nesta situação, por força da religião. Mas nem sempre foi assim e há países como os Emirados Árabes Unidos em que se vê muitos homens sozinhos a passear e a cuidar dos filhos em parques infantis ou centro comerciais, algo que também é muito frequente no centro e norte da Europa.

No Reino Unido e na Irlanda, por exemplo, já não é tanto assim, o homem assume o rendimento para a família e a mulher muitas das vezes abdica da sua profissão ou trabalha a tempo parcial até os filhos terem idade para ir para escola primária. Também poderá ser pela inexistência de creches, pelo valor excessivo de jardins de infância e por uma questão de tradição. Mas depois torna-se muito difícil para a mulher voltar à profissão anterior ou pelo menos com o rendimento que tinha e fica dependente do rendimento do pai do seu filho, por sua vez, submissa.

Em Portugal existem creches e, por uma questão de baixos rendimentos, é necessário haver dois salários numa família. É raro haver uma mãe a trabalhar e o pai ser "dono de casa", enquanto os filhos são pequenos. É muito mais comum na Alemanha ou na Dinamarca, por exemplo.

Defendo que as relações conjugais só ganham com a divisão e o equilibro dos papéis, não criando dependências de nenhum dos seus intervenientes, quer por valores culturais, religiosos ou pela ideia de perfeccionismo ou da incapacidade do outro. Em Portugal, isto prejudica claramente a Mulher, o que me deixa extremamente triste e revoltada. Não faz qualquer sentido em nenhuma sociedade.

Recordemos que somos um exemplo para os nossos filhos rapazes e raparigas, mostrando que é possível conciliarmos as nossas vidas profissionais com o papel de mãe ou pai, havendo equilíbrio na gestão familiar, ter um cônjuge cooperante e procurando ajuda externa quando necessário; privilegiando a realização profissional, o equilíbrio emocional, social, financeiro e a promoção da felicidade numa família, sem haver papéis submissos.

A minha esperança é que os tempos evoluam e que as minhas possíveis netas não tenham de debater estes assuntos em Portugal ou no país que venham a escolher para viver, nem com os seus cônjuges ou nos locais de trabalho, onde a lei seja colocada em prática em todos os setores de atividade de uma forma justa e com equidade, sem olhar ao género, ao rendimento ou à religião. A minha esperança é que consigam ser tão ou mais realizadas profissionalmente que eu tenho sido (ou ainda mais) e consigam conciliar a vida profissional com a maternidade de uma forma ainda mais equilibrada.

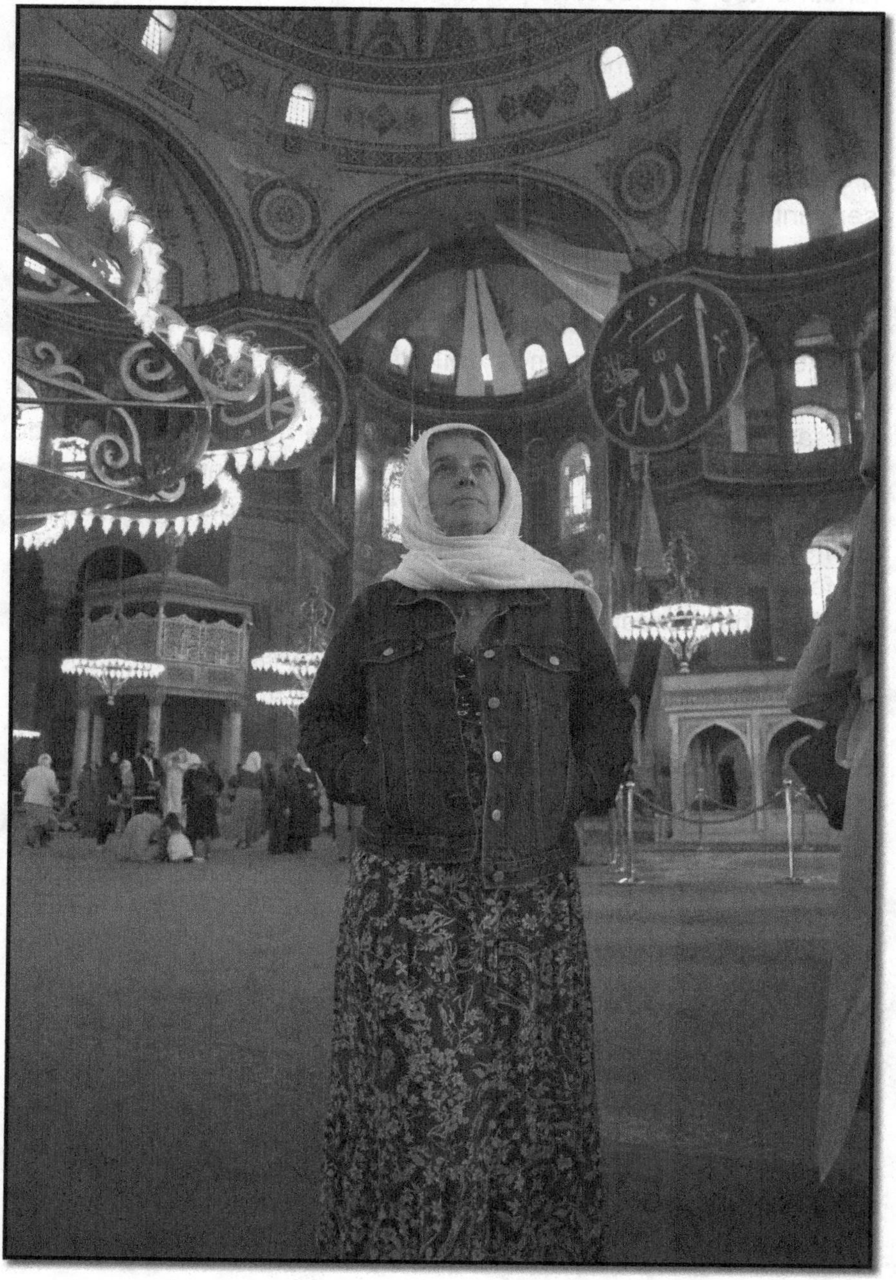

8

Duomo, Milão - Itália

Quem me conhece sabe que desde sempre sou fascinada pelo número sete. Acho um número mágico, nasci no dia vinte e sete e casei no dia vinte e sete, com vinte e sete anos. Os meus filhos nasceram no dia sete de abril e no dia dezassete de junho, de cesariana, programada, inaugurei o colégio no dia sete de junho e criei-o no ano de 2007.

Todos associamos este número às sete cores do arco-íris, às sete notas musicais, aos sete dias da semana e, também ao número da camisola do Cristiano Ronaldo, jogador de futebol, mundialmente famoso.

Por essa razão, quando comecei a escrever este livro, decidi que iria visitar numa primeira fase, e escrever sobre sete templos.

Acontece que em novembro de 2022, um ano depois de ter visitado o primeiro templo, a Igreja de Santo António em Lagos, fui visitar o meu filho Tomás, o mais velho a Itália, neste caso a Milão, onde estava a realizar o Erasmus no âmbito da sua licenciatura.

No centro desta cidade está uma Catedral estonteante de nome Duomo. É também uma cidade onde a moda é o principal negócio, assim como, a sua indústria, onde as grandes marcas têm as suas lojas e fábricas e onde o consumismo é uma prática corrente.

A imagem é um fator muito importante para quem vive e visita esta cidade - especialmente para os mais jovens, que se movimentam na praça, a tirar selfies ou fotografias para as suas redes sociais, vivendo como dependentes da opinião dos outros, da quantidade de gostos que têm em cada uma das suas fotografias ou dos Reels do Facebook ou do Instagram.

Milão é considerada uma das capitais da Moda na Europa, comparada a Paris, Londres, Nova Iorque e Tóquio no mundo.

Uma vez que a nossa estada era muito curta, pois era apenas um fim de semana, decidimos ir visitar o Duomo no domingo e tentar assistir a uma Missa, algo que já não fazia há algum tempo.

Foi difícil entrar, por ser domingo, e por haver uma fila gigantesca, novamente, como em Istambul, mas lá conseguimos e entrámos pela ala esquerda. Tivemos uma enorme dificuldade conseguir ir para a nave principal, pois havia barreiras com bancos e tudo indicava que tínhamos entrado na porta errada.

Mas após várias tentativas de ultrapassarmos as barreiras, um senhor italiano, que aparentemente trabalhava na catedral, apareceu-me à frente, a quem perguntei em inglês como deveria dirigir-me à ala principal. Ele simplesmente indicou-me o caminho, quando eu já estava preparada para saltar por cima das baias, para não ter de ir para a fila novamente e entrar por outra porta. Era apenas uns passos à frente e havia uma passagem para assistir à Missa.

Em nenhum outro templo antes tinha tido a curiosidade de assistir a uma cerimónia. Naquele dia, um domingo, apeteceu-me. Era um dia santo católico e nunca até esse dia e, a propósito do livro, tinha tido vontade de assistir a uma Missa.

Havia a questão de estar com o Salvador e por isso ser difícil que ele aguentasse a Missa toda, sem antes cansar-se e pedir para sair. Em contraposição, havia uma motivação extra quando entrei naquela igreja, que era rezar por um grande amigo e colega de trabalho, Francisco, que estava a passar por uma recidiva de um linfoma e que iria ser operado dias depois para retirar o estômago, por completo, e ter uma vida um pouco diferente, pelo menos, no que diz respeito à alimentação.

Quando entrei e ainda me debatia em tentar encontrar a entrada para a ala principal, consegui acender uma vela em frente a uma santa por esse meu colega Francisco e pedir a Deus que o ajudasse. Imediatamente tive uma sensação de esperança, de amor que o universo iria ajudá-lo. Curioso ou não, passado três semanas, recebi uma chamada da mulher dele, imediatamente após a sua cirurgia, a dizer que afinal não lhe tinham retirado o estômago todo, mas apenas, uma parte e que por isso a recuperação seria mais fácil e

a sua alimentação seria completamente normal após alguns dias. Cirurgia essa a que o meu pai também tinha sido sujeito e que após essa intervenção havia vivido mais seis anos, com uma alimentação sem qualquer restrição, exatamente como ele.

Após começar a Missa, foi emocionante ouvir que se iniciava naquele dia o ano litúrgico, algo que para mim era totalmente desconhecido. Imediatamente olhei para o calendário e vi que era dia 27 de novembro de 2022. Não podia acreditar, comecei logo a chorar de emoção, pois fazia exatamente um ano que tinha ido visitar o primeiro templo em Lagos e não tinha associado a data, até então.

A emoção continuava quando ouvia toda a missa em italiano. Apesar de não perceber tudo, havia muitas palavras que eram idênticas e facilmente percetíveis, como abraçar a esperança, proteção e a bênção dos filhos, ou a conceção de paz. Toda aquela entoação estava a ter um impacto em mim que imediatamente decidi que teria de escrever sobre este templo, neste meu primeiro livro. Nem conseguia parar de chorar. Ao meu lado estava o meu filho mais novo, sossegado com o meu telemóvel a ver um vídeo no *Youtube*, sem som. Atrás de mim, cerca de três bancos de distância, estava o meu marido descontraído e preparado para uma hora de Missa, e com um sorriso na cara, pois percebia que eu estava deslumbrada com o evento.

Foi uma cerimónia linda, super emocionante do início ao fim, por coincidência vesti-me de branco, nesse dia, símbolo da paz e encontrava-me no terceiro maior edifício religioso da Europa e um dos maiores do mundo.

Este templo com o estilo predominante gótico com a arquitetura da Lombardia, possui cinco naves com uma altura de aproximadamente quarenta e cinco metros, divididas por quarenta pilares. Demorou quase quinhentos anos a ser terminado. A sua construção iniciou-se em 1396 em cima da anterior Basílica de San Ambrogio e da Basílica de Santa Tecla, ambas destruídas por um incêndio em 1075 e concluída, apenas, em 1965.

Apesar da sua grandiosidade, o interior da catedral acolhe-nos de uma forma enternecedora, com os seus mais de cinquenta vitrais que representam passagens da Bíblia, refletindo uma luz etérea no chão da igreja, com vários altares e quadros nas laterais

e com um primordial ao fundo da nave principal. Pode acolher cerca de quarenta mil pessoas nos seus 11 700 $metros^2$, mas em contrapartida, fazendo-nos sentir especiais e únicos naquele local.

A fachada foi revestida em mármore branco-rosa com 135 pináculos decoradas com mais de 3.400 estátuas, que contemplam a cidade. A principal uma estátua folheada a ouro que se encontra no ponto mais alto da igreja, conhecida como a Madonnina, esculpida por Giueseppe Perego, um dos principais símbolos de Milão.

Foi uma cerimónia especial, tendo o meu filho se portado super bem até ao fim. As minhas emoções passavam por inspirarmo-nos na fé, pensar na humanidade e no fazer sempre o bem, ter coragem (ação pelo coração), ter confiança no amanhã, que será sempre melhor e com uma sensação de inesgotável paz interior.

Ao sair da catedral, uma das primeiras coisas que fiz, foi enviar uma mensagem para o meu colega com uma foto da vela que tinha acendido. Disse-lhe que iria correr tudo bem, que ele tinha de ter fé, confiar no dia seguinte e na sua cura, assim como, eu estava a ter no nosso futuro – como quando eu era pequena e dependia de adultos que eram muito ausentes.

Todos nós temos fé, mas por vezes só a procuramos quando precisamos e há sempre alguma provação que nos faz ir buscá-la. Quando era miúda, talvez não a identificasse como tal, mas hoje, não tenho grandes dúvidas que foi a fé e a esperança num dia melhor, juntamente com todo o amor dos que me rodeavam, que me fizeram acreditar que o meu futuro poderia ser melhor do que o presente de então. Fizeram-me crer que apesar das adversidades e dos traumas que passei, que a vida ainda me poderia sorrir.

Hoje, posso dizer que, apesar de cada ver ter menos certezas, seja do que for, que a fé explica muita coisa. Quem tem fé é muito mais feliz e que eu hoje sou muito mais feliz que alguma vez fui. Desejo que quem me rodeia seja pelo menos tão feliz quanto eu, pois a vida é demasiado curta para não o sermos e não a vivermos em pleno.

Hoje reconheço e agradeço a Deus e ao universo por todas as pessoas que se cruzaram no meu caminho: à Sofia que me aconselhou a procurar psicoterapia; à Helena, que além de me ter proporcionado muitas horas de terapia e de aplicar uma ferramenta *Eye Movement Desensitization and Reprocessing*, ajudou-me a

ultrapassar alguns dos traumas que trazia da minha infância; e mais recentemente, à Ângela com as suas sessões de *coaching* e as novas perspetivas de vida; à Celine, que com um processo de hipnoterapia regenerou a minha criança interior e me trouxe uma paz que eu desconhecia ser possível.

Após a morte dos nossos pais biológicos, existe uma sensação de orfandade, mas também uma noção de finitude, que o fim está próximo, apesar de não sabermos quando. Atribuímos uma importância diferente à vida e ao nosso papel na sociedade.

Após a morte do meu pai tive a intuição que tinha de passar a minha história a alguém e que sempre que fizesse o bem por alguém, me iria sentir melhor. Era algo que já tinha a noção, pois como referi anteriormente, o meu propósito de vida é servir o próximo. Quando dava aulas sentia-me extremamente realizada, como quando geria pessoas numa multinacional ou quando construi e agora giro um colégio que acolhe mais de duas centenas de crianças e três dezenas de colaboradores, com o objetivo de servir a minha comunidade e de tornar o mundo melhor para aquelas famílias que nos escolheram e, acima de tudo, para as "minhas" crianças.

Dei por mim há poucos dias a dizer ao meu marido que tinha "pressa de viver", com uma grande efusividade. Ele inicialmente não percebeu a minha ideia e até ficou chateado, como se me estivesse a queixar, algo que tento evitar cada vez mais, pois temos de ficar gratos por tudo o que nos acontece, de bom e menos bom e tentar nunca nos queixarmos, pois adianta de pouco e traz-nos um estado emocional negativo. O que eu pretendia dizer era que tenho vontade de viver mais, de fazer mais, de sair da minha zona de conforto, de me desafiar, de conhecer mais, sem receios, sem medo do que possa acontecer, de ter mais prazer em tudo o que possa desfrutar nesta vida, desde o simples entrar no mar quente ou abraçar um desconhecido que me sorriu numa situação delicada, sem julgamentos, sem críticas, sem preconceito, sem pensar no que o outro irá pensar do meu comportamento, desde que o meu intuito seja sempre o melhor para quem me rodeia e a minha bondade para com o outro.

Milão é reconhecida por ser a cidade industrial onde artigos de moda de luxo são produzidos, onde nasceram algumas marcas

de grandes designers italianos como a Armani, Versace, Dolce & Gabbana ou a Prada.

É indiscutível que estas marcas vivem da necessidade do homem se sentir bem na sociedade, ou melhor que os demais, ao usar as suas roupas ou acessórios.

Na inteligência emocional de Goleman, uma das principais metas do ser humano é ter um impacto positivo no outro, começando com a sua própria autoconsciência emocional, passando pela consciência ou empatia social, na gestão das relações, terminando, em círculo contínuo, na sua autogestão ou autorregulação. Primeiro tenta conhecer e entender as suas próprias emoções, depois reconhecer e entender as emoções dos outros, aplicar a nossa compreensão ou influência emocional ao lidar com os outros e por fim gerir de uma forma eficaz as nossas próprias emoções, recomeçando no conhecimento próprio das suas emoções, em sistema contínuo, sempre com o objetivo maior de ter um impacto positivo nos outros.

Este tema levou-me a uma altura da minha infância e juventude em que as marcas eram um assunto muito importante para mim (hoje ainda o são para os meus filhos). Eu recordo-me dos primeiros ténis que eu comprei da Nike. Eram azul-bebé e que me orgulhava de os ter conseguido comprar com o dinheiro de trabalho de um verão, pois os meus pais não tinham a possibilidade de os comprar.

Durante o meu 2º ciclo a minha integração na escola foi extremamente complicada. Era a minha mãe que decidia a minha roupa e era muito infantil. Usava meias brancas de renda até ao joelho, pelo pouco conhecimento da minha mãe, usava saias cor-de-rosa com camisolas de malha vermelha, algo que hoje um estilista de renome usaria. Essa moda no início dos anos oitenta era alvo de gozo por parte das minhas colegas e, por consequência, foi difícil a minha inclusão nos grupos das meninas da escola. Hoje sei que é uma etapa escolar muito complicada pelas hormonas e porque realmente ninguém se sente bem nesta altura da vida, pois todos procuram afirmar-se, uns pelas melhores razões e outros pelas piores.

Foram muitas as vezes que chegava a casa a chorar por partidas de mau gosto que me tinham feito ou até por ter andado à pancada com uma das minhas colegas. Um dia fartei-me de ser gozada ou alvo de brincadeiras agressivas ou humilhantes, constantes e

repetidamente, para esta colega se tentar valorizar, algo a hoje se chama bullying, mas na altura era perfeitamente normal. Também houve vários episódios onde a minha mãe contribuiu para a criação de alguns traumas, onde prevalecia a vergonha de ser filha de quem era. Todos os motivos culminavam para a minha sensação de falta de integração e pela sensação de impacto negativo junto dos meus colegas.

Hoje compreendo que se não tivesse sido a roupa ou a minha mãe, teria sido qualquer outra coisa que iria incomodar as minhas colegas daquela altura. Todos lutávamos por nos integrar nos grupos mais populares. Mesmo essas raparigas que estavam nesses grupos, sentiam-se tão ou menos bem que eu, que não me conseguia integrar, por ser parola ou totó e por não entrar nas aventuras que nos iriam colocar em situações mais perigosas ou com consequências negativas.

Isto leva-me a um tema que ultimamente me tem afligido e que por sua vez está subjacente neste livro ao longo dos vários templos: a dependência.

O contrário de dependência é autonomia, mas como fica esta quando nós dependemos dos outros para viver bem connosco próprios?

Algures ouvi que a partir dos cinquenta anos a opinião dos outros cada vez tem menos validade. Eu acredito hoje que existe uma grande verdade nesta afirmação, mas acho que é um processo em constante evolução, e nunca irá ser a cem por cento. Poderá diminuir, mas é uma ilusão deixar de existir, a não ser que estejamos doentes.

A dependência reveste-se de várias formas: já falámos da dependência financeira ou emocional da mulher num casamento ou relação, da dependência por algo que traz uma satisfação temporária como o álcool, drogas ilícitas, tabaco, sexo, medicamentos, pessoas, redes sociais, apostas e jogo de casino, jogos digitais, acumulação de bens ou dinheiro e, por último, a alimentar.

Quase todas estas práticas podem ser viciantes. Mesmo que tenhamos consciência que é nefasto para a nossa saúde física e mental, acabamos por o fazer pela procura de uns minutos ou horas de prazer, colocando em causa o nosso organismo e reduzindo

claramente a nossa autonomia e esperança média de vida, com qualidade.

Enquanto há umas dependências mais socialmente aceites, como o consumo de álcool social e a alimentar que poucas pessoas falam, pois é como se não existisse, outras são assunto do dia, como o tempo passado em frente aos ecrãs a jogar ou nas redes sociais.

Eu debato-me por não ter nenhuma destas que acabei de mencionar, pois com uma herança genética de consumo de álcool do meu avô, que faleceu tinha eu um ano, tenho de estar sempre muito atenta para não ter a necessidade de um copo de vinho ou uma cerveja para me sentir bem. Mas da mesma forma, não preciso de comer um ou mais pastéis de nata para superar uma chatice que tive nesse dia, por a minha mãe ter tido sempre um peso acima da média, para a sua altura.

Todavia, e não menos importante, criei um mecanismo de defesa com a dependência pelo trabalho, o qual não deixa ser um vício e que muitos de nós usa para não nos lembrarmos das situações que temos de desenvolver em nós próprios. Enquanto estamos assoberbados de coisas para fazer, *to-do lists*, metas a cumprir, objetivos para cumprir, coisas para provar aos nossos, vivemos numa rodinha, sempre a correr e sem tempo para parar e refletir no que está certo e no que podemos melhorar. Este sistema *on going*, pois nunca para, pode durar uma vida sem termos noção que somos aquele ratinho que anda na roda continuamente, a tentar fazer melhor, mais e mais, sem limite, a cansar-nos até à exaustão, sem saber parar uma única vez para olharmo-nos de fora e vermos que tem que haver outros prazeres na vida, que não trabalhar. Pelo menos começar a praticar parar, meditar, olhar para o céu durante largos minutos, caminhar sem uma meta, na natureza, esvaziar a cabeça de compromissos, agendas, e-mails, consultas, orçamentos, extratos bancários, contas, compras, jantares, almoços, roupa, escola, filhos, entre outros afazeres.

Só há pouco tempo, num processo de *coaching*, enquanto *coachee*, deparei-me com esta dependência, que consegui comprovar com a leitura de um livro que aconselho todos a lerem: Conhecer, Amar e Curar a Sua Criança Interior, de Stefanie Stahl. Resumidamente, trabalhei sempre muito, desde os meus treze

anos, com imensa responsabilidade, desde muito cedo. Enquanto trabalhava não pensava nas agruras da minha vida, nos problemas familiares, nas ausências dos meus pais, na ausência de carinho ou atenção. Estava ocupada. Por isso continuei neste registo, constantemente e até hoje ainda o faço, tendo imensa dificuldade em não o fazer, como qualquer dependência. Como a Ângela, minha coach pergunta, "Onde está o polícia atrás de si?" Não há polícia, eu sou o polícia e sou também o ladrão, que rouba tempo e que se sente super mal se estiver parada a não fazer nada, só a olhar o céu, por um lado, porque não está a produzir, ou a ajudar alguém, ou a preocupar-se com alguma coisa. Como o meu pai dizia, "perder tempo" é ser uma parasita. Por sua vez, necessitamos de ter tempo para relaxar, a equilibrar um pouco o frenesim, a loucura que é a nossa vida atual, o que significa que se tivermos uns minutos, por alguma razão, agarramo-nos de imediato às redes sociais, para ocupar a nossa cabeça.

Não há espaço para parar, não há tempo para nós. E quando há, não sabemos o que fazer, além de nos preocuparmos pouco connosco, com o nosso tempo individual de qualidade. Ocupamo-lo com trivialidades, como se estivéssemos a fugir a algo mais importante, que possa estar dentro de nós. Evitamo-lo, porque não queremos ver, não queremos sentir, porque não gostamos do que possa estar dentro de nós, ou tenhamos medo de nos assustarmos.

Quantas mães eu vejo a correr de um lado para o outro, de uma tarefa para a outra, desde o arranjar os pequenos, preparar o pequeno-almoço, colocar as crianças na escola, trabalhar, almoçar, ir às compras, ir buscá-los à escola, levar às atividades, dar banhos, preparar o jantar e cair redondas na cama, sem qualquer tempo para ler um livro, ir ao ginásio, tomar um banho de imersão ou fazer uma caminhada. Quando dão por elas, estão na rodinha, como pequenos ratinhos, sem pedir ajuda, sem ter noção que estão a utilizar o seu mecanismo de defesa e a afundar-se no seu próprio vício, a sua dependência.

Hoje posso olhar para trás e dizer que esta dependência não me fez tanto mal assim, pois consegui atingir metas que algumas vez pensei conseguir alcançar. Criei projetos que me deram imenso prazer e conheci pessoas no trabalho, para a vida. Contudo, poderia tê-lo feito de uma forma mais equilibrada, mais saudável, menos

stressante, mais tolerante, menos dolorosa, para mim e para os outros. Acredito que nada é por acaso e que o objetivo era chegar aqui e ter esta consciência, pois é muito difícil aceitar que o trabalho também pode ser uma dependência e que acima de tudo, nós somos dependentes desse estado, para nos sentirmos bem.

Fui sempre muito feliz a fazer o que faço. Costumo dizer que sou uma privilegiada porque sou extremamente realizada naquilo que faço. Sou mesmo muito feliz em quase tudo o que fiz na vida, desde dar formação até lecionar no ensino superior, gerir pessoas, criar e gerir projetos, ver crianças a nascerem e a crescerem para serem adultos melhores que nós, numa dimensão colossal, quase como fazemos com os nossos filhos, mas numa escala enorme, o que acaba por ter uma recompensa emocional ainda maior.

Os jovens hoje e muitos dos adultos, após a pandemia, têm imensa consciência desta dependência e cada vez vê-se mais jovens a lutarem pelo equilíbrio trabalho-família, pelo tempo pessoal de qualidade. Os adultos, por seu lado, muitos começaram a adotar a postura de *quiet quitting*, demissão silenciosa, que significa fazer o mínimo, com nenhum esforço ou entusiasmo, a não ser o absolutamente necessário, para assegurar os serviços mínimos. Ou ainda por outro lado, abandonaram os seus trabalhos, com os quais não se identificavam e só o faziam por uma questão monetária, que passou para segundo plano, até voltar a ser uma prioridade e uma necessidade, para a subsistência, sem subsídios do estado.

Mas que vida é esta sem entusiasmo, sem esforço, sem prazer no que se faz? Só levará à depressão, à infelicidade, à doença mental. Trabalhar é um dever cívico; é uma necessidade do ser humano, sempre foi e sempre será. Demitir-se do trabalho é como se demitir da vida, do entusiasmo de conseguir algo, de ajudar alguém, de servir o próximo, sem falar na necessidade da recompensa monetária, que não dever ser o mote, mas convém que também seja o resultado em paralelo com o prazer e com o reconhecimento.

O mundo mudou com a pandemia de COVID-19. Como otimista que sou, acredito que para melhor, mesmo quando sou atingida por medos e preocupações, de como é que isto irá ser, mas acredito que nos estamos a ajustar à nova realidade e os jovens, com menos vícios, menos dependências irão guiar-nos para um sistema de vida mais saudável, mais equilibrado e mais feliz.

Voltando às dependências, infelizmente, todo o conhecimento que fui adquirindo ao longo dos anos leva-me a concluir que todas as nossas dependências têm uma origem emocional, de algo que nos aconteceu e que procurámos soluções na satisfação temporária, para compensar algo que nos está a afetar naquele momento, criando hábitos de dependência.

Felizmente sempre tive esta consciência e por todos os que me rodearam, até os maus exemplos que ficaram pelo caminho e que já não estão cá, fui tentando passar ao lado daquilo que achava que me fazia mal.

Com sorte, como já tinha um passado tão mau, não precisava de mais nada para me afundar. Apenas precisava de vir à tona e sobreviver, com toda a bagagem que já trazia. Quem sabe se não foi uma bênção, pois nasci e cresci até aos dezassete anos numa cidade onde as drogas ilícitas era uma grande realidade, até na escola.

Em termos técnicos, a dependência é o impulso que leva a pessoa a usar uma droga, realizar uma ação ou estar numa situação de forma contínua ou periódica, para obter prazer, muitas vezes também para aliviar tensões, ansiedades, medos, sensações físicas desagradáveis ou a dificuldade de lidar com frustrações, traumas de infância, depressão, stresses, inseguranças, baixa autoconfiança, baixa autoestima, tristeza sem motivo e tudo do foro emocional, ou seja, sensações e sentimentos.

Em termos de dependência emocional por outra pessoa, também conhecida por codependência, é um quadro emocional ou comportamental que compromete a habilidade da pessoa de manter uma relação saudável e satisfatória. Não sendo o amor egoísta ou egocêntrico, é o amar sem esperar nada em troca. Já a dependência emocional é totalmente o contrário, pois é carregada de ego. Você acredita que apenas será feliz ou sobreviverá se o outro estiver consigo. Neste caso, o indivíduo projeta as suas expectativas no parceiro amoroso ou em outras pessoas, das quais fica dependente.

Infelizmente, as dependências ou distúrbio alimentar não são tão falados como deveriam ser, mas ao mesmo tempo assistimos após a pandemia a um crescente número de pessoas obesas ou bastante acima do peso, que têm compulsão alimentar, ingerindo alimentos de forma desmesurada e desnecessária ou em contraposição a

jovens a sofrer de bulimia ou anorexia na ânsia de se compararem com as referências mais populares da sua rede de amigas, das redes sociais ou das séries televisivas.

É uma busca constante de ter a melhor imagem possível, para haver uma melhor integração na sociedade, no nosso grupo de amigos, ou no trabalho que realizamos. Por vezes esta imagem é o motivo principal e que coloca até em causa o nosso profissionalismo, como é no caso de a Maria Botelho Moniz. Ser alvo de um ataque na comunicação social de forma escrita, pelo seu corpo, tamanho de calças, ou forma de vestir, por parte de um colega, atentando contra a sua capacidade profissional ou talento e considerar a sua imagem com um desrespeito para com o público.

Ou ainda por parte da Carolina Deslandes, uma cantora famosa, que comentou numa entrevista de um programa da SIC - Alta Definição que encheu quatro coliseus em Lisboa e no Porto em 2022, e que se a procurarmos no Google nesse ano, os primeiros resultados são o seu excesso de peso e a relação nefasta que ela tem com a comida, mais recentemente reconhecida como a bulimia.

Este é um assunto com mulheres de trinta anos, mas a partir dos cinquenta, o tema começa a ser os sinais da idade a passar, os cabelos brancos, o metabolismo a desacelerar e, por conseguinte, a gravidade a pesar e dificuldade em manter o peso, por muita regra alimentar e física que tenhamos.

A questão da imagem será sempre um tema para a inclusão ou exclusão social, infelizmente. Mas acima de tudo, o que me preocupa são os motivos pelos quais existe uma dependência e uma necessidade de procurar uma satisfação momentânea, e disso, ninguém pode dizer que está livre.

Está mais que provado que as dependências têm origens em acontecimentos e traumas emocionais. Para uns não passam de pequenos eventos e que não os afetou em nada. Para outros esses mesmos eventos são danos emocionais para a vida, e que se não forem tratados, ou reprocessados irão ser gatilhos para toda a vida, na dependência de algo ou de alguém.

Nos últimos dias, desloquei-me ao estado de Oregão, Estados Unidos da América, onde o meu filho Vasco passou os últimos nove meses a fazer um programa de intercâmbio, numa família

de acolhimento, assim como, terminar o ensino secundário, para assistir à sua graduação.

Foi uma montanha-russa de emoções, Primeiro foi revê-lo ao fim de tantos meses e quando o tinha deixado sair com apenas dezassete anos para mais de dezoito horas de avião de distância, para uma família que tinha acabado de conhecer no WhatsApp, que apenas sabia os seus nomes, as suas profissões, onde viviam e a sua religião. Tinha a segurança e confiança dada pelo programa AFS, que existe há mais de setenta anos, por terem sido avaliados como família de acolhimento.

Foi um ano difícil com a sua ausência, especialmente as primeiras semanas com a insegurança e falta de contacto, exigido pelo programa. Colocou-nos à prova se o que lhe tínhamos sugerido e proporcionado, viria a ser bom para ele. Estaria a nova família a tratá-lo bem? Estaria ele a integrar-se bem na comunidade, na escola e na família?

Nesta viagem, confrontei-me com uma realidade que já conhecia, mas que foi ainda mais evidente por ter viajado entre várias cidades na costa do Pacífico e algumas mais rurais.

A dependência alimentar é uma realidade nos Estados Unidos da América flagrante e completamente aceite socialmente. Enquanto a média de altura de uma mulher e peso em Portugal é de 1,61metros e 65,8 quilogramas, nos Estados Unidos, a média da altura é 1,63 metros e 77,1 quilogramas em 2020.

Todos sabemos que o excesso de peso traz problemas a nível físico, reduz a mobilidade, aumenta a necessidade de os órgãos trabalharem mais e por sua vez aumenta o risco de doenças como a diabetes, doenças autoimunes, doenças cardíacas, entre outras. Além da questão da imagem e na questão psicológica de se olhar ao espelho e não gostar do que vê, ou de não conseguir usar determinada roupa porque não lhe serve ou não existe para o seu tamanho. Por último, existe a incapacidade de participar em algumas atividades desportivas ou de lazer, como ir à praia, sem ter olhares recriminadores dos demais.

Algumas poderão ser heranças genéticas, padrões ou hábitos repetitivos familiares, perpetuando a sua história familiar e não quebrando uma prática que tem efeitos nefastos para a saúde.

Questiono-me porquê estas pessoas, muitas delas instruídas,

com conhecimentos ao nível superior não procuram ajuda psicológica? Por vergonha? Por preconceito? Por não querem falar da sua vida? Por não quererem abrir a ferida para a sarar convenientemente, porque dói?

Muitas usam o argumento da falta do dinheiro, mas que na maior parte das vezes é uma desculpa, pois têm o dinheiro para alimentar o vicio, como o tabaco, a comida desnecessária ou até o álcool.

Outras até recorrem a cirurgias que custam muito mais dinheiro e até resolvem a situação, pelo menos aparentemente; outras algumas vezes voltam a ter a mesma compulsão e o problema volta.

Mas não procuram tratar do problema na sua base, na sua origem: os seus traumas. O que as leva a ter esse impulso, essa compulsão que a mente não consegue controlar? O benefício para a vida é determinantemente superior ao custo que a dor ou o tratamento possa ter.

Para mim é grave ver uma família de cinco elementos, mãe e quatro filhos às 17:00 na cidade de Astoria a beber uma coca-cola *extra large* e a comer hambúrgueres e frango frito panado do mesmo tamanho que a bebida. O elemento mais novo tinha a minha altura e não teria mais do que doze anos de idade, mas pesava pelo menos mais uns vinte quilogramas que eu. Toda a família era obesa e todos vestiam pelo menos um XL, sendo que o irmão mais velho e a mãe vestiriam no mínimo 3XL. Estavam todos aparentemente felizes, pois estavam a satisfazer a sua compulsão e a ingerir doses massivas de açúcar. As cadeias de *fast food* habituam os seus clientes a criar esta dependência, este hábito e a comprometer a sua saúde física e mental.

Igualmente foi ver um jovem de pouco de mais vinte anos, deitado no chão, em posição fetal, a comprimir na sua mão três seringas, atrás da porta da universidade de British Colombia em Vancouver, completamente desmaiado em plena luz do dia numa cidade onde há prédios de milhões de dólares.

Ou seja, as dependências melhor ou menos bem aceites, não deixam de ser dependências e devemos evitá-las a todo o custo. Quando não conseguimos por qualquer razão, devemos ter a humildade de procurar ajuda profissional e fazermos um tratamento para ir às causas da dependência. É necessário procurar psicoterapia que proporciona orientações ou ferramentas que ajudam a pessoa a lidar com a sua causa. Assim como, devemos evitar comportamentos

e situações de risco, não recorrendo apenas a químicos, que apenas irão mascarar os sintomas temporariamente. Mais tarde ou mais cedo acontecerá algo na sua vida que irá despoletar o gatilho e um comportamento de dependência, na busca do tal prazer momentâneo para compensar a frustração, a ansiedade, ou o sentimento negativo que havia tido e que relembra o trauma que está subjacente.

No fim do dia o que é mais valioso é o amor e a compaixão pelo outro, a generosidade e a bondade, e foi isso que eu fui encontrar em Tillamook, no estado de Oregão na família Smith - os "pais", "irmãos", "tios" e "avós" que o meu filho Vasco encontrou no outro lado do mundo. Estas pessoas trataram-no como um filho, deram-lhe imenso amor, levaram-no a experienciar atividades únicas, brincaram com ele, jogaram jogos, viram filmes, viajaram e tornaram-no um ser humano ainda melhor do que já era, assim como, mais maduro. Eles irão fazer parte da sua família para toda a sua vida.

Esta família foi de uma generosidade como eu nunca tinha visto no meu meio século de vida, quer para com o Vasco, quer para connosco, nesta breve visita. Foram incansáveis, disponíveis, divertidos, atentos às nossas necessidades, cultura e hábitos.

Estaremos eternamente agradecidos a estas quatro almas pelo que fizeram pelo nosso filho, nestes últimos meses, de uma forma gratuita, com uma generosidade, uma ternura e um Amor únicos.

Aqui está a prova que o que conta é o amor e a compaixão; é estar com o outro. Nada faz sentido sozinho. A pandemia veio provar que a solidão e o isolamento podem matar ou deixam marcas psicológicas muito negativas. A união, a crença e o amor podem curar, trazer satisfação, bem-estar e salvar-nos.

A única grandeza do mundo é a fé e o amor, a ternura a generosidade, a gratidão, a bondade e a partilha. Só existimos pelos outros e em relação com os outros, sem nunca nos esquecermos de nós próprios, da nossa estabilidade emocional e da nossa felicidade.

A minha esperança é de que a vida é para ser vivida. Vou continuar a vivê-la com intensidade, emoção e muita satisfação na partilha de experiências com o meu querido marido, filhos, amigos, colegas de trabalho, crianças, família e com todos aqueles que ainda irei conhecer no futuro, por onde quer que vá ou possa servir, pois só assim a vida faz sentido.

Até breve, para um segundo volume, quiçá, na Ásia.

Bibliografia

Almeida, C. (2012). *Crianças Felizes com a Numerologia*. Lisboa: Nascente.

Baker, D., Greeberg, C. e Yalof, I. (2004). *What Happy People Know: How the New Science of Happiness Can Change Your Life for the Better.* New York: St. Martins Griffin.

Carmona e Costa, R. (2022). *Salva-vidas, descubra com a inteligência emocional o pode salvar e aprenda a aplicá-la para viver mais feliz*. Lisboa: Oficina do Livro.

Chopra, D. (2004). *The Book of Secrets: Unlocking the Hidden Dimensions of Your Life*. San Jose: Harmony.

Chopra, D. (2019). *Metahuman: Unleashing Your Infinite Potential.* London: Penguin Random House UK.

Clear, J. (2018). *Atomic Habits: An Easy & Proven Way to Build Good Habits & Break Bad Ones*. New York: Avery.

Coelho, Â. e Belo, S. (2010). *Family Coaching*. Lisboa: Oficina do Livro.

Goleman, D., Boyatzis, R. e McKee, A. (2002). *Primal Leadership: Unleashing the Power of Emotional Intelligence*. Brighton: Harvard Business Review Press.

Goleman, D. (1995). *Emotional Intelligence: Why It Can Matter More Than IQ*. New York: Bantam Books.

Goleman, D. (1998). *Working with Emotional Intelligence*. New Yok: Bantam Books.

Goleman, D. (2013). *Focus: The Hidden Driver of Excellence*. New York: Harper Collins Publishers.

Honda, K. (2019). *Happy Money – The Japanese Art of Making Peace with Your Money.* New York: Gallery Books.

Joanes, L. (2020). *Cura o teu corpo e as tuas emoções.* Lisboa: Manuscrito.

Mainstone, R. J. (1997). *Hagia Sophia: Architecture, Structure, and Liturgy of Justinian's Great Church* (reprint edition). London: W. W. Norton & Co Inc.

Oven, M., e Vieira, P. (2022). *Inspiração para uma vida mágica.* Lisboa: Albatroz.

Shapiro, S. (2020). *Good Morning, I love you, Mindfulness and Self-Compassion Practices to Rewire Your Brain for Calm, Clarity, and Joy.* Louisville: Sounds True.

Stahl, S. (2020). *The Child in You: The Breakthrough Method for Bringing Out Your Authentic Self.* New York: Penguin Books.

Tan, C. (2012). *Search Inside Yourself: The Unexpected Path to Achieving Success, Happiness (and World Peace).* San Francisco: HarperOne.

Webgrafia

https://centralcrematorios.com.br/o-que-os-muculmanos-fazem/

https://daitaliacidadania.com/blog-posts/conheca-milao-a-capital-da-moda-italiana/

https://expresso.pt/podcasts/alta-definicao/2023-05-13-Carolina-Deslandes-Houve-um-ano-em-que-esgotei-quatro-coliseus.-Se-meteres-o-meu-nome-no-Google-tudo-o-que-se-fala-e-que-estou-gorda-acf4d09b

https://iqaraislam.com/salat

https://italianorio.com.br/milao-capital-da-moda/

https://madrasabenyoussef.com/

https://pt.differbetween.com/article/difference_between_lutheran_church_and_catholic_church#why_did_the_lutheran_church_split_from_the_catholic_church

https://pt.wikipedia.org/wiki/Catedral_de_Mil%C3%A3o

https://pt.wikipedia.org/wiki/Luteranismo

https://pt.wikipedia.org/wiki/Mulheres_no_Isl%C3%A3

https://sonhoastral.com/articles/2208

https://tournaitalia.com/curiosidades-sobre-o-duomo-de-milao/

https://vorfrelserskirke.dk/page/1070/our-saviours-church-copenhagen

https://www.dadosmundiais.com/altura-media.php

https://www.dadosmundiais.com/altura-media.php

https://www.milan-museum.com/br/duomo-catedral-de-milao.php

https://www.tudosobremilao.com/catedral-milao

https://www.vip.pt/maria-botelho-moniz-emociona-se-ao-falar-de-criticas-a-imagem-e-tao-injusto-e-pura-maldade